JN002234

増補改訂版

不動産は「オークション」で売りなさい

土屋忠昭

TADAAKI TSUCHIYA

GENTOSHA 幻冬舎 MC

はじめに

不動産の売却を検討している人であれば、少しでも高い値段で売りたいと思うのが当然です。ところが実際は購入時よりはるかに安い金額でしか売れなかったり、買手すらつかないことが多々あります。土地の価格が高騰している超好立地の物件や、恒常的に人気のあるエリアの物件であれば高値売却も容易ですが、そのような物件を所有している人はごく一部でしょう。

そもそも不動産の取引に不慣れなオーナーが物件を高値売却することは極めて困難です。一般的に不動産の売買は仲介をする不動産会社を介した買手との「相対取引」によって行われ、売買価格は取引相手との協議や交渉で決まります。物件に明確な「定価」や「市場価格」がつくわけではありません。仲介会社は価格の妥当性を説明してくれますが、より高値をつけることにはさして興味がないのが普通です。売買が成立しさえすれば仲介手数料が手に入るからです。むしろ交渉に時間がかかるほど手間や人件費がかさんでいくばかりで、下手をすると他の仲介会社に先を越されてしまうリスクもあるため、仲介会社は売主を説得にかかります。「この価格で売らなければ買手がいない」などとプロに説明されれば、知識や経験のないオーナーは納得せざるを得ないでしょう。

かといって、売主が不動産売買についてプロのように詳しくなればいいかというと、それはほぼ不可能です。不動産は一つひとつ異なるものであり、通り一遍の知識だけで適正価格を割り出せるものではありません。所有している不動産と類似の不動産がどの程度の価格で売買されているか、評価上の減価要因はあるのか、建物・土地・接道している道路等は建築基準法に違反していないのか、立地上のプラス要因はないのか……といった専門的な事項を仔細に把握して売買価格を計算することは、到底現実的とは言えないでしょう。

つまり不動産の売却は、何もせずとも買手が殺到する超人気物件でない限り、基本的に売主が妥協せざるを得ないような仕組みで行われているといえるのです。とはいえ、納得する価格がつくまで待っていては、売れるものも売れません。このような環境では、「できるだけ高く売りたい」という希望は叶わないのでしょうか。

私たちは、平成14年に会社を立ち上げ、売買やコンサルティングなど不動産に関わる業務全般で多くのオーナーをサポートしてきました。不動産鑑定士である私をはじめ、全員が宅地建物取引士の資格を持ち、一人ひとりが30年以上に及ぶ実務経験と知識を有しています。もちろん物件を売却したいというお客様も数多く、いずれも高値売却を実現してきました。私たちが可能な限りの高値売却を志すのは、お客様のためはもちろん、いたずらに不動産の価値を下げないためです。

こうした経験から確信しているのは、不動産は〝オークション〟で売却するのがベストだということです。相対取引が多いため、不動産のオークションには馴染みがない人も多いかもしれません。しかし、複数の買手が買値を競い合うオークションでは市場原理が働くため、相対取引よりも高値での売却が可能になります。

実際に大規模物件や社宅などはよくオークションで売却されていますが、小規模物件ではあまり行われていないのが実情です。プロセスを見える化した公正なオークションは、下準備や書類作成等が煩雑で、手間がかかるためです。

ただし私たちは不動産全般に関わってきたメンバーそれぞれの経験と専門知識に加え、

数多くの物件をオークションで売却してきたことで、それらをスムーズに行うノウハウを確立しました。小規模物件のオークションでこれほどの件数を取り扱っているのは、業界広しといえど私たちだけであると自負しています。そこで、本書では少しでも高く不動産を売りたいという売主のために、オークションで高値売却を実現するための方法を解説していきます。オークションの仕組みから、高値入札が入る物件の特徴、オークションにかけるまでの準備のポイントまで、具体的事例をもとにわかりやすくまとめました。

本書が、不動産を売りたい人にとって、未だ知られぬ不動産のオークションというものの存在の詳細を知り、そして実際に選択肢に入れるためのツールとして役立つものとなれれば、これほど嬉しいことはありません。

【増補改訂版の発行にあたって】

本書を2年前に出版しましたが、初版の読者の皆様から予想以上の反響をいただきました。

そこで、本書の記述の通りにオークションを実施してほしいと依頼してくださった方々のご希望を満たした成功事例を中心に事例の紹介をさせていただくことを目的として、増補改訂版を出版することになりました。

本書を読んでいただければ、オークションの様々な具体例についてご理解いただけるものと思います。

また、初版を読んでいただだいた多数の読者の方々のご依頼に対してご希望に応えられないこともありましたので、オークションに向く不動産と向かない不動産の説明を新たに加えました。

さらに、初版出版後の民法債権法、相続法の改正点を反映させ、諸データの数字を新しくしています。

本書がますます皆様のお役に立つことを心より願っています。

増補改訂版　不動産は「オークション」で売りなさい　目次

［第6章］「想定外の高値売却」成功事例集

［第1章］

空家増、相続問題、暴落懸念……不動産を売りたい人が増えている

不動産を売る理由

人が物を売ろうとするとき、そこにはいくつかの理由があります。

例えば、テレビで物を売りたい人と物の査定をする店主とのやり取りを撮影したドキュメンタリーが流れることがありますが、それを見ていると、だいたい客側は、現金化して他のものに買換えたい、生活費等の足しにしたい、また家に物が多くなってきたので整理したいという方が多いようです。

私のもとには日々、不動産を売りたい人たちから多くの相談が舞い込みますが、その動機や理由を大きく分類すると次のようになります。

① 遊休資産：使用していない不動産の売却
② 相続財産：相続した不動産の売却
③ 共有状態の解消：処分に共有者全員の同意が必要な不動産の売却
④ 終活：生前に自宅を引き払いたい高齢者

⑤　業績不振・後継者不在：事業所の清算
⑥　離婚：夫婦の共有名義で購入した不動産の売却

これが不動産を売りたい人の6大理由と言っていいでしょう。それぞれについて具体的に確認していきます。

理由①　遊休資産：使用していない不動産の売却

空き地や空き家で、使っていない不動産、いわゆる遊休資産を売ってほしいと依頼されるケースです。

少子高齢化のため、空き家はますます増えており、首都圏でも周辺部では、その傾向ははっきり現れています。

一人か二人しかいない子供が独立し、残された親が亡くなるか老人ホームに入ったため空き家となるケースが激増しています。

理由② 相続財産：相続した不動産の売却

高齢化が進むにしたがって相続の発生件数は増えています。そんな相続をきっかけとして不動産が手に余ってしまい、相談に来るケースが少なくありません。

例えば、地方に住む親の自宅を、都会に住む子どもが相続するケースです。子どもの生活はすでに都会にありますから、地方の家をもらっても転居するのは現実的ではありません。誰も活用しないまま、ただ所有していても固定資産税がかかるばかりなので、売ってしまいたいという相談です。

あるいは、不動産の分割をめぐって相続人同士で揉めてしまい、にっちもさっちも行かなくなったので、現金化してお金で分割したいという希望もあります。

不動産が一切絡まない相続というのはあまりなく、自宅はほとんどの場合どうするか考えなければいけませんし、他にも投資物件、事業用物件など何かしらの不動産があることも多いものです。相続と不動産はセットと言ってもよいくらい、どの家庭にも当てはまる問題なのです。

法制審議会（法相の諮問機関）で、相続法の改正案が審議されてきましたが、約40年ぶりに相続法が改正されました。

ア　配偶者が相続開始時に被相続人所有の建物に居住している場合に、配偶者は遺産分割等において配偶者居住権を取得することにより、終身または一定期間、その建物に無償で居住することができるようになります。被相続人が遺贈等によって配偶者に配偶者居住権を取得させることもできます（令和2年4月1日施行）。

イ　婚姻期間が20年以上である夫婦間で居住用不動産の遺贈または贈与がされた場合については、贈与または遺贈分について遺産の先渡しと取り扱わないため、原則として、遺産分割における配偶者の取り分が増えることになります（令和元年7月1日施行）。

ウ　自筆証書遺言について、財産目録を手書きで作成する必要がなくなり、パソコンで作成したり、通帳のコピーや登記事項証明書等を添付することもできることとなりました。ただし、偽造防止のため財産目録に署名押印は必要です（平成31年1月13日施行）。

エ　法務局で自筆証書遺言を保管する制度が創設されます（令和2年7月10日施行）。

オ　遺留分を侵害された者が遺留分減殺請求権を行使しても、相続不動産の共有状態は生じず、遺留分を侵害された者は、遺贈や贈与を受けた者に対し、遺留分侵害額に相当する金銭の請求をすることができるようになりました（令和元年7月1日施行）。

ちなみに、相続税が発生するケースでは、納税の問題も見逃せません。相続税の納税は、相続発生を知った日の翌日から10カ月以内に現金で一括納付が原則です。納期までに納めなかった場合は、延滞税がかかります。

納税額分のキャッシュが手持ちにない場合は、借金するなり物を売るなりして調達することになります。現金の代わりに動産・不動産などで納める「物納」や、納税を分割払いで行う「延納」などの方法もありますが、いずれも条件が厳しく、納税者が希望したからといって簡単には認められません。

現実的には、相続不動産を売却し現金化して納税に充てるという道が第一選択になります。

実際、「相続税の支払いに窮したために、相続不動産を売却したい」という相談は多々あります。大きなまとまったお金を速やかに用意しようと思うと、どうしても不動産が売却の対象になりがちなのです。

理由③　共有状態の解消：処分に共有者全員の同意が必要な不動産の売却

不動産は共有状態のままでいると、多くの問題が起こり得ます。

例えば、4人で土地を所有している場合、それぞれの所有権は「持分」という割合で決まっています。4人が平等に4分の1ずつ持分を所有している場合や、各人で持分に偏りがある場合などパターンは様々ですが、いずれにしても4人で全体を所有しているという状態です。つまり、どこからどこまでがAさんの持分で、ここからここまでがBさんの持分というような物理的な線引きはされていません。このことがトラブルの元になってしまうのです。

分かりやすく言うと、土地の共有は「1ホールのケーキを丸ごと4人で持っている」ようなものです。４分の1ずつカットされていれば、自分の分を食べようと、他人に譲ろうと、捨ててしまおうと、その人の自由ですが、４人で1ホールとなると、そうはいきません。自分は「ケーキなんかいらない。人に売ってしまいたい」と思っても、全員の合意がなくては自由にできないのです。

４人の所有者のうち3人が「この土地はもう活用することができないから、売ってしまおう」と判断したとしても、残りの1人が「まだ売りたくない」と反対したら、売ることはできません。こうしたケースでは、売りたい３人と所有を続けたい1人とで、いざこざが起こるリスクが高いのです。

このように、共有状態の不動産は、活用するにしても売却するにしても、何かにつけて全員の同意が必要となりますから、それだけ流動性が低く、活用の範囲も狭まってしまう使いにくい資産ということになります。

そこで、それを解決するための1つの選択肢として出てくるのが、売却による換金をして、お金で分割するという方法です。

不動産のまま分割するという選択肢もあるにはありますが、不動産が簡単には分けられないということを考えなければなりません。土地で言えば単純に4分の1ずつの面積で分ければいいと考えるかもしれませんが、道路に面した部分と道路から奥まった部分では、使い勝手も市場価値も変わってきてしまうので公平に分割するのが難しくなります。何とか金額的に等分になるように計算して分けたとしても、分割の結果、土地が狭くなってしまうと価値が低くなってしまうこともあります。

そういった点を踏まえると、現金にしてしまえば、価値は変わらないままいかようにも分けられますから、所有者同士で不平不満が出にくく、すっきりと片づきやすいのです。

ちなみに、このような不便な不動産の共有状態は、相続のときに生じやすくなります。なぜかと言えば、民法が共同相続を原則としているからです。

また、この後で説明する⑥「離婚」でも、夫婦間の共有状態が多く見られます。

理由④　終活：生前に自宅を引き払いたい高齢者

年々増えてきている相談として特筆すべきは「老人ホームに入るのに自宅を引き払いたい」とか「死後に面倒事を残したくないので、今のうちに不動産を整理しておきたい」といった〝終活〟に絡む相談です。

老人ホームは入院とは違って、余生をそこで過ごすために入ります。つまり、老人ホームこそが、これからの自宅であり、終の棲家となるのです。家の所有者が独居の場合は、自宅は空き家になってしまうため、引き払ってから老人ホームに入居するのが、最もスマートな終活となります。

また、老人ホームによっては、入居時にまとまった額の契約金が必要なところもありますので、その費用を自宅の売却によって用意するケースもあります。

今は一人暮らしの高齢者が増えましたから、今後もこうした終活のための自宅売却は増えていくものと予想できます。

あるいは、地方に住む高齢者の夫婦が、老後を利便性の高い場所で暮らしたいと考え、所有していた戸建ての住宅を売って、都内の駅近くの住居用マンションに買換えたケースもありますし、それとは反対に東京で所有している戸建てを売り、地方に帰って静かに暮らすというケースもありました。

また、終活関連で近年増えているのが、後見人や保佐人などの代理人による不動産の売却相談です。

本人が認知症や知的障害などで、判断能力を欠いていたり、著しく不十分だったりする場合、本人に代わって資産の管理を行う後見人や保佐人がいます。

例えば、代理権を付与された保佐人から本人（高齢の女性）の介護費用が足りないので、本人所有の賃貸アパートを売却したいとの相談を受けたこともあります。

やや広めの自宅敷地があって、自宅の横に古いアパートが建っていたのですが、息子がアパートを勝手に民泊に使って小遣い稼ぎをしていたことが判明しました。このケースでは強制執行で息子を排除してアパートは無事売却できたのですが、かれこれ3年くらいかかりました。

これは決して特殊な事例ではなく、別件で同じような相談を受けたことから、一つの典型的なパターンだと思われます。超高齢化が進む日本では、後見人や保佐人による売却相談がこれから急速に増えていくことでしょう。

理由⑤　業績不振・後継者不在：事業所の清算

業績不振による事業所清算の相談もあります。

この場合、まず多いのが、債権者である銀行から、債務者の業績不振を理由として、抵当権をつけている債務者の不動産をなるべく高く売ってあげてほしいと紹介されて不動産の売却の仲介をするケースです。

債務者が借金を全額返せない場合、本来なら裁判所の競売手続で、抵当に入れた不動産は売却されます。

ただ、このような競売手続によらないで、宅建業者が仲介して買手を見つけ、抵当権をつけている銀行等と交渉して、全額弁済でなくても抵当権の解除をしてもらって行う売買である「任意売却」を選択することも可能です。任意売却は、競売より不動産を高くスピーディーに売却でき、売主も競売では難しい引越費用を出してもらえることもあります。

そこで、銀行等も競売よりも任意売却できるものはなるべく任意売却で進めることを望みます。

また、債務者から債務整理の依頼を受けた弁護士からの紹介もあります。お金を銀行等から借りている債務者が借入金の全額を銀行に返済できない場合、債務整理の交渉を弁護士に依頼することがあるためです。この場合も、宅建業者が弁護士から依頼を受けて任意売却による不動産の売却の仲介を行います。

他に、破産管財人からの依頼もあります。お金を銀行等から借りている債務者が、債務超過のため自分の財産で支払不能となった場合、裁判所で破産宣告を受け破産管財人によって破産者の不動産を売却し、その代金を各債権者に分配します。そこで、破産管財人からの依頼で宅建業者が任意売却の仲介を行います。

次に、後継者不在のため事業所を清算したいという相談があります。後継者不在が主な要因となって「会社を閉じるために事業所を売りたい」という申し出です。

ちなみに日本の企業の99・7％は中小企業ですが、順風満帆の企業は少数で、大半は経営不振や後継者不在などの不安や問題を抱えています。

ニーズの多様化や時代の急変化に適応できない、もしくは必要とされなくなることで業績不振に陥ることもありますし、少子高齢化や後継者となるべき子が安定を求めて大手企業に就職することなどを原因とした後継者不在企業が増えているからです。

経済産業省によれば、今後、中小企業全体の約3割にあたる127万社で後継者が不在の状態となる見通しです。

特に、家族経営の小規模事業者の清算が目立っているのは、資金力や営業力などの点で弱く、経済競争の中で淘汰されやすいことや、大企業が下請けの切り捨てを考えたときに対象になりやすいこと、限られた人員の中で後継者が見つかりにくいことなどの理由が考えられます。

結果として、清算を選ぶ中小企業が増加しているのです。清算によって使用されなくなった店舗や工場などの不動産が売却対象となるのです。

中小企業の生き残りは今後も厳しさを増すはずで、清算せざるを得ない企業は減らないでしょう。

理由⑥　離婚：夫婦の共有名義で購入した不動産の売却

最後は、離婚にまつわる不動産の売却です。離婚後、夫が自分名義のマイホームを売却して妻への慰謝料や子の養育費に充てるとか、夫婦共有名義の自宅を売却して金銭で清算するといったケースがあります。

厚生労働省の統計（人口動態統計）によれば、特に熟年離婚が増えているといった傾向が読み取れます。

どのようなことが離婚の原因となったかによって、慰謝料や子どもがいる場合には養育費が発生するという問題もありますが、基本的に離婚時には現在所有している財産についての分与は公平に行われることになります。

共有名義の不動産の場合には夫婦どちらかがそのまま住むとしたら、住むほうは住まないほうに、相手方の持分の代わりとなる何かを提供しなければなりません。例えば金銭などを渡すということになります。金銭がなければ売却して現金化して分割すればよいでしょう。

自宅にローンが残っている場合は、売却代金でローンの残債務を支払って、余りを分配することになります。

結局、安く買い叩かれてしまう不動産

さて、主に前述してきたような6つの理由や動機から「不動産を売ろう」となったとき、多くの人が考えるのは「できるだけ高く売りたい」ということでしょう。急いでいる人は「早く売りたい」という気持ちも働きます。

実際のところ、昔から不動産を売りたい人は一定数いましたが、近年は特に上昇傾向にあるようです。不動産流通推進センターの調査によると、平成30年度に新規で売りに出された物件数は全国総数で約189万件となっています。平成22年度の約121万件から右肩上がりに上昇を続け、この8年間で約68万件も増えたということです。

ところが、不動産を自分の思い通りの値段や予想以上の値段で売れる人は、ごく一部のラッキーな人に限られます。自身に不動産売却の経験がなければ、周りで不動産を売った経験のある人に聞いてみれば分かると思いますが、おそらくほとんどの人が「思っていたより安かった」とか「あれが適正価格だったのか分からない」と答えるでしょう。なかには「完全に買い叩かれた」という人もいるかもしれません。

どうしてそういう憂き目に遭ってしまうかというと、そこには素人の目には見えにくい〝買取業者の論理〟があります。

例えば、不動産のような大きな売買でなくても、ブランド品などの買取額をめぐっての客と店主との攻防は、だいたい次のようなものです。

店主が物品を査定して出した金額を伝えると、客は納得のいかない様子で「もう少し高くならない?」「買ったときはもっと高かったのよ。いい商品なのは間違いないんだから」「あと1万円くらいオマケしてよ」などと要望します。すると、店主は「これが精一杯なんですよ」「先月までは買取セールをやっていて、もう少し色を付けられたのですが」などと答えます。

高く買ってほしい客と、安く買いたい店主との一騎打ちです。こういうリアルなやり取りは単に傍観者として見ている分には面白いのですが、当事者同士は必死です。しかし、最終的には、店主が提示した〝これ以上は高くできない〟という価格で決着します。決着の仕方は、客が納得して売るか、納得いかずに交渉が流れるかの二つに一つです。

店主が「これ以上は出せない」と言い「嫌なら売ってくれなくてもかまわない」という

態度で来られると、たいていの客は「仕方がない」と折れます。業者側はこれを商売にしている百戦錬磨のプロですから、初めての客が太刀打ちできるわけがありません。結局は、提示された金額をのむかのまないかしかないわけです。

これが業者の論理です。

店主にとって客が持ってきた物品が魅力的で、ビジネス上どうしても手に入れたいものなら、高めの価格を提示してくれますが、そうでない場合はシビアな金額を提示してきます。たいていの場合、後者の部類に入ってしまうことが多いので、客は安くても売る羽目になってしまいがちです。このように、買取というのは基本的に〝業者優位〟の交渉で事が進んでしまうのです。

これは、不動産の買取でも同じです。不動産業者の先導で交渉が運んでしまうことが多いため、売手は安い価格でも目をつむって売ることになります。「買い叩かれた」などの残念なケースは、この業者の論理にまんまとはまってしまった結果と言えるかもしれません。

では、どうすれば買い叩かれないか、少しでも早く高く売ることができるか、というのが本書のテーマであり、その答えがオークションにあるということなのですが、オークションについて詳しくお伝えする前に、次章でもう少しだけ業者の論理を詳しく掘り下げます。

読んでいただくと分かりますが、不動産業界に特有の業者の論理があります。それを知っておくことで、少なくとも業者リードで買い叩かれるリスクは減らすことができます。

過去に売却の経験があって「不動産売買には不透明な部分が多い」と感じていた人なら特に、どうしてそうなってしまったか腑に落ちることもあるでしょう。

買い叩かれないためにも、また同じ轍を踏まないためにも、知っておいて損はありません。

［第2章］

売主と買主、一対一の「相対取引」では情報格差によって安く買い叩かれる

不動産売却価格の査定額。業者によって差が出るカラクリ

初めて不動産を売るとき、多くの人が最初に取る行動は「不動産売買をしてくれる会社を探す」ことだと思います。まず、どの業者なら高く買い取ってくれるか、あるいは、高く買ってくれる買主を見つけてくれるか、いまなら自分の土地の相場はどれくらいか、などを調べるのが普通でしょう。

不動産の売却についての情報は購入時と比べても少ない傾向にあります。というのも、不動産売却は、通常で考えれば一生に一度経験するかしないかぐらいの稀な経験であり、そういった限られた人しか必要としない情報は、企業もあまり大々的にCMを流したり広告を打ったりはしないからです。

そのため、ほとんどの人が自分で情報を集めながら、手さぐりで事を進めていくことになります。近所の不動産屋に相談するとか、知人から業者を紹介してもらうといったケースもありますが、そういう心当たりやツテがない場合には、自分でインターネットなどを使って調べることになるでしょう。

「土地の売却、不動産屋」「家を売りたい、買取価格の相場」などのワードで検索をかけると、ずらりと不動産屋のホームページや比較サイトが表示されます。おそらく「どこよりも高く買い取ります」とか「すぐに買います」「不動産の買取専門」などのキャッチコピーを頼りに、気になった業者にいくつか問い合わせをして、価格査定を取ってみるという手順になるはずです。

たいていの業者は、価格査定そのものは無料でやってくれます。売りたい物件の所在地や種別、面積などの基本情報を入力すれば、自動的に「いくら」と答えが返ってきます。不動産価格の査定は、周辺の同じような物件の市場価格や過去の取引実績と比較して、「だいたいこのくらい」という相場を計算します。計算のもとになる成約価格などのデータは基本的にどの業者も似たようなものを使っています。

にもかかわらず、複数の業者を比較してみると、査定価格が高いものから低いものまで、結構金額に差があるものです。どうしてこのような差が出るのか、一般の方は不思議に思うことでしょう。

実は、そこにはカラクリがあります。そのカラクリを知らない人は「少しでも高く買い取ってくれる業者にしよう」と、高額査定を出した業者に飛びついてしまうかもしれません。

しかし、それは私どものような業界の内側にいる人間からすると、あまり賢い選択とは言えません。なぜなら、業者の都合に付き合わされて、結局思ったような値段で売れないことが多々あるからです。

土地の価格はどのようにして決まるのか

それでは査定がどういう方法で行われているのか、順を追ってお話ししていきたいと思います。本来、かなり専門的で複雑なのですが、ここでは一般の方が知っておいた方がよいポイントだけ、かいつまんで説明することにします。それでも、自分の土地や家の〝本当の価値〟を知る手がかりになるはずです。

まず土地についてですが、土地の価格は「一物四価」と言われています。これは1つの土地に対して、4つの価格があるという意味です。以下がそれぞれの概要です。

①A　公示価格

一般的な土地の取引価格に対して指標を提供。国土交通省が全国に定めた地点（標準地）を対象に、毎年1月1日時点の価格が3月に発表される。公共事業用地の取得価格の算定基準にもなる。平成31年は、2万6000地点で実施。不動産鑑定士の評価による正常価格という位置づけ（https://www.land.mlit.go.jp/webland/）。

①B　基準地価格

公示価格を補完するかたちで、都道府県がより広範囲にわたって基準地を定め、その標準価格を出したもの。公示価格と同じような性格を持っており、毎年7月1日時点で不動産鑑定士が地価を評価し、9月に発表される（https://www.land.mlit.go.jp/webland/）。

② 路線価

相続税や贈与税の課税をするときの基準となる評価。道路に面する土地の1㎡あたりの価格で、公示価格の8割が水準。路線価のこの割合から、路線価に8分の10を乗ずると①Aの公示価格水準の価格が求められる。路線価は売買実例、公示価格、不動産鑑定士の鑑定評価額、精通者意見などを踏まえて、道路ごとに国税庁が1月1日時点の評価額を決め、7月に発表される（www.rosenka.nta.go.jp/）。

③ 固定資産税路線価

固定資産税の課税の基準となる評価。公示価格の7割が水準。3年に1度、市町村が1月1日時点の評価を出して、4月頃に発表される（www.chikamap.jp/chikamap-sp/TOPPage/Index）。

④ 実際の取引価格（実勢価格）

①～③の公的価格と実際の取引価格とは開きがあります。地価が安定している時は、

①のA、Bとほぼ同水準だが、地価の変動期には①のA、Bとの間の開きが大きくなる。その原因は、①のA、Bの評価に使われる取引事例が評価時点より3～6カ月以上前のものであることが多いため。

このなかでも、実際の取引に一番影響力を持つのは、④の取引事例を基にした取引価格です。

ただし、実際の取引価格は、不動産業者か不動産鑑定業者でないとなかなか把握できません。現在は、国土交通省の土地総合情報システム（https://www.land.mlit.go.jp/webland/）で、場所を特定しない形式で不動産取引価格情報としてウェブサイトで掲載されています。

そして、これら多数の取引事例を集め、対象不動産と比較して価格を求める方法を取引事例比較法と呼びます。近隣地域や類似地域などの取引事例を多数集めて、適切な取捨選択を行い、必要に応じて事情補正、時点修正を踏まえて、かつ、地域要因、個別的要因を比較して価格を求める評価手法です。それぞれについては以下のような内容です。

ア　事情補正

売り急ぎや親族間の取引等、特殊な事情がある場合の補正。

イ　時点修正

過去に取引された時点と現在とで、景気などのファクターで価格が変動している場合、現時点での価格水準に合わせて修正。修正率については、公示価格の変動率も参考とする。

ウ　標準化補正

取引事例がその地域内で標準的な土地でなく、標準から外れていた場合の補正。例えば角地の場合など、そうでない土地より高く取引されていると思われるので、その分マイナスして標準化する。

エ　地域要因の比較

街路条件、交通・接近条件、環境条件、行政的条件等によって地域要因は異なるので考慮する。路線価の差は各地域の格差を示しているので、簡便法として路線価比により地域格差を判断することもできる。

オ　個別的要因の比較

対象地がいびつな形の土地、いわゆる不整形地だったり、がけ地だったり、問題がある土地だったりした場合、それをマイナスポイントとして補正する。逆に、好条件があればプラスポイントになる。例えば、対象不動産が角地だった場合には、日当りや風通しがよかったり建ぺい率が増えたりするのでプラス5ポイント。不整形地の場合には使いづらいのでマイナス10ポイントというように評価する。

これらを基にした評価方法について、具体的な事例で確認してみましょう。

図表1は、ある売却対象の不動産の価格を求めるために選んだ4つの土地の取引事例です。

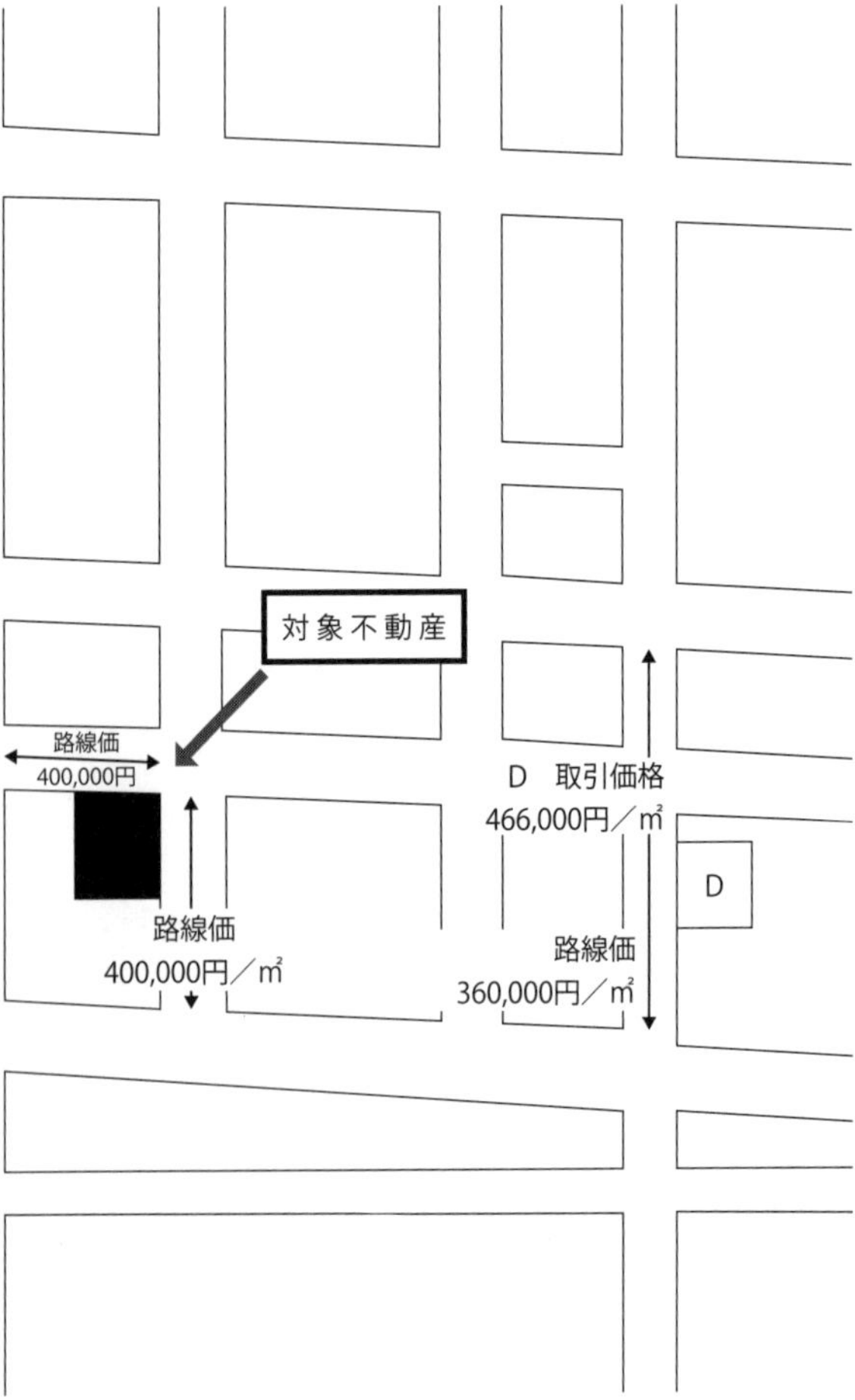
対象不動産
路線価
400,000円
路線価
400,000円／㎡
D　取引価格
466,000円／㎡
D
路線価
360,000円／㎡

[図表1] 取引事例比較法の例

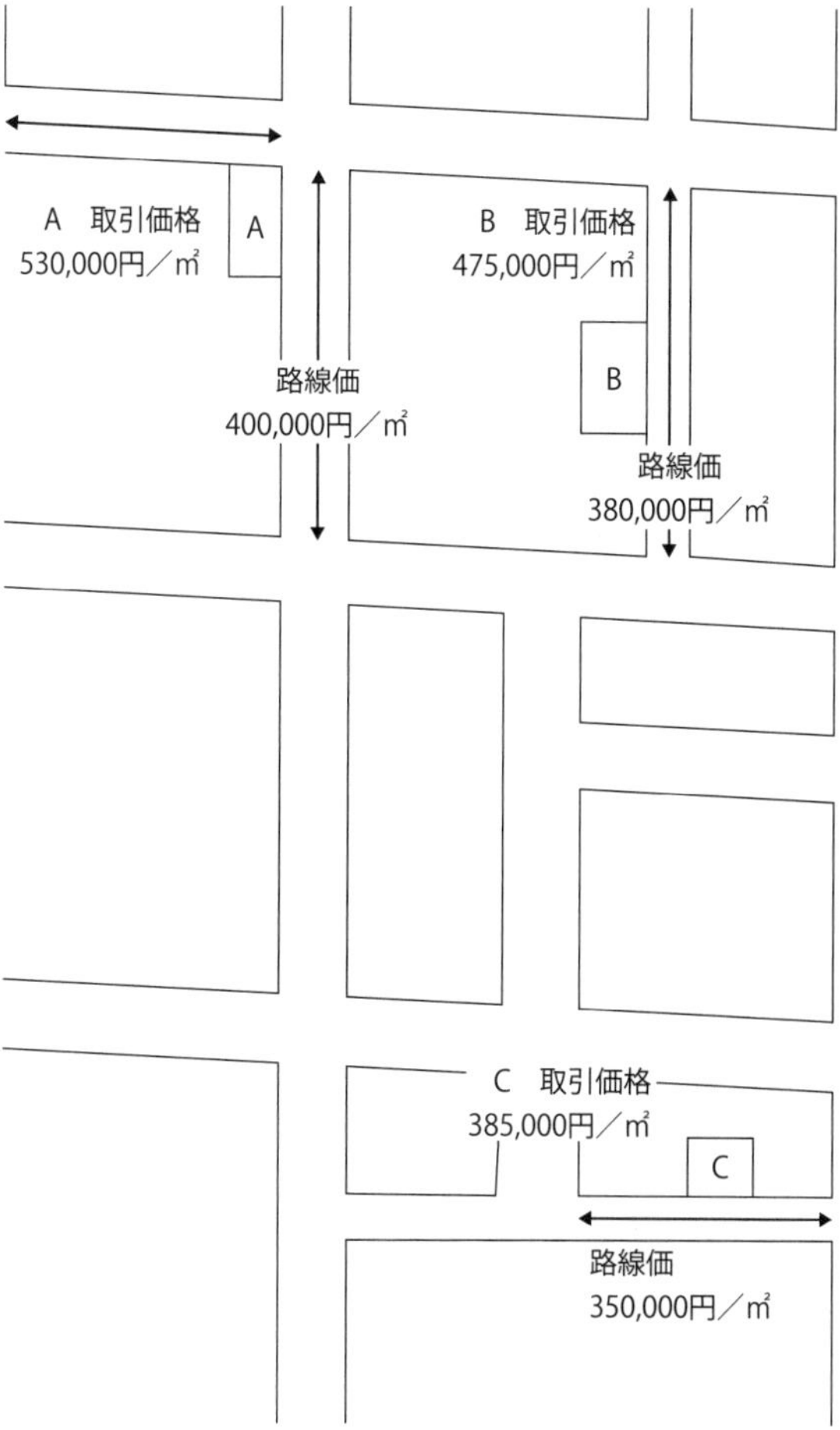

［図表2］ 取引事例比較法の計算

取引事例比較法		取引価格		(ア) 事情補正		(イ) 時点修正		(ウ) 標準化補正		(エ) 地域要因の比較		(オ) 個別的要因の比較		比準価格
	A	530,000円／㎡	×	$\frac{100}{100}$	×	注② $\frac{103}{100}$	×	$\frac{100}{105}$ 注③	×	$\frac{400}{400}$	×	注④ $\frac{105}{100}$	＝	546,000円／㎡
	B	475,000円／㎡	×	$\frac{100}{100}$	×	$\frac{106}{100}$	×	$\frac{100}{100}$	×	$\frac{400}{380}$	×	注④ $\frac{105}{100}$	＝	557,000円／㎡
	C	385,000円／㎡	×	$\frac{100}{80}$ 注①	×	$\frac{103}{100}$	×	$\frac{100}{100}$	×	$\frac{400}{350}$	×	注④ $\frac{105}{100}$	＝	595,000円／㎡
	D	466,000円／㎡	×	$\frac{100}{100}$	×	$\frac{101}{100}$	×	$\frac{100}{100}$	×	$\frac{400}{360}$	×	注④ $\frac{105}{100}$	＝	549,000円／㎡

注① C事例の事情補正　借金返済のため売り急ぎのため20％補正
注② A～D事例の時点修正　最寄の公示価格の変動率
注③ A事例の標準化補正　角地であるため５％優れている点を補正
注④ 対象地が角地で5％優れている

A～Dより求められた比準価格の中庸値である550,000円／㎡と査定。

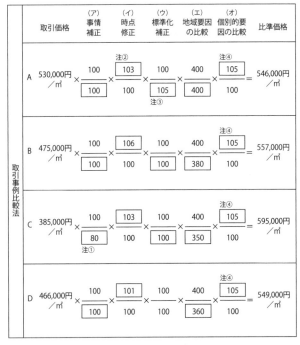

A～Dのそれぞれの取引価格に対して、修正や補正をしつつ、比準価格を算出します。計算はそれぞれ図表2のように行います。

Aの土地は時点修正として最寄りの公示価格の変動率に合わせて3ポイントをプラスしています。また、標準化補正としては、Aが角地であるため5ポイント優れている点を補正します。ただし、対象不動産も角地なので個別的要因の比較として、5ポイントプラスもしています。角地によるプラス5ポイントはA～Dすべて共通です。

Bの土地は時点修正で6ポイントのプラスと判断しています。地域要因は路線価の差を反映させています。

Cは借金返済のため売り急いだ事情があったことから、事情補正として20ポイントマイナスしています。その他、時点修正でプラス3ポイント、地域要因の比較では路線価の差を反映しています。

Dは時点修正でプラス1ポイント、地域要因の比較で路線価の差を反映しています。

それぞれで導かれた価格を基に、それらの中庸値を対象不動産の価格とします。

結果、この事例では中庸値として55万円／㎡と査定しています。

このように価格を算出するのですが、この取引事例比較法を利用しても、業者によって査定価格に差が出ることは言うまでもありません。

なぜなら、最初の取引事例の選択が異なるからです。高い取引事例を多数選択すれば高い査定価格が出るし、低い取引事例を選択すれば逆の結論が出ます。ここに業者の恣意性が介在すると言っても過言ではありません。

また、ア～オの修正や補正などの考え方によっても査定価格は変動します。

建物の価格決定には減価償却の考え方が適用される

次に建物の価格ですが、建物は減価償却の考え方で減価修正というものを行います。減価償却とは新築のときが最も価値が高く、年を経るごとに少しずつ価値が下がっていくという考え方です。

建物にはそれぞれ構造や用途に応じて、法定耐用年数が決まっています。

しかし、取引実務では、法定耐用年数ではなく、経済的に有効に使用できる年数を経済的耐用年数として判定します。

例えば、木造の居住用建物だと取引市場では経済的耐用年数は20年から25年程度とみられています。つまり、新築から10年程度経つと評価は約半分になり、20年から25年経つとゼロとされる取引慣行です。国土交通省は、これが中古住宅流通市場活性化の阻害要因とみて、良質な維持管理やリフォームが適切に評価されるよう「中古戸建て住宅に係る建物評価の改善に向けた指針」を示しています。

また、安心な中古住宅取引のために国交省が「既存住宅インスペクション・ガイドライン」を策定し、既存住宅の基礎・外壁等に生じている劣化・不具合の有無を有資格者が目視・計測等により調査する建物状況調査（インスペクション）制度が宅地建物取引業法の改正（平成30年4月1日施行）によりスタートしました。宅建業者は、①媒介契約締結にインスペクション業者のあっせんの可否等を示し、媒介依頼者の意向に応じてあっせんし②重要事項説明時にインスペクションの結果を買主に対して説明し　③売買契約締結時に基礎・外壁等の現状を売主・買主が相互に確認し、その内容を宅建業者から売主・買主に書面で交付することとなります。

なお、建物価格の査定価格も新築想定価格をいくらと判断するか経済的耐用年数を何年

[図表3] 建物評価の算出方法

基本式

再調達原価 × 延床面積 × 現価率（※）＝ 建物価格

$$（※）現価率 = \frac{経済的残存耐用年数}{経過年数＋経済的残存耐用年数} ×（1－観察減価率）$$

具体例

【物件の概要】

- 木造２階建居宅
- 延床面積100㎡
- 再調達原価20万円／㎡
- 建築後経過年数10年
- 経済的残存耐用年数15年
- 保守管理状態はあまり良くない（観察減価△10%）

【計算式】

再調達原価		延床面積		現価率（※）		建物価格
20万円／㎡	×	100㎡	×	0.54	＝	1080万円

（※）現価率

$$\frac{経済的残存耐用年数15年}{経過年数10年＋経済的残存耐用年数15年} ×（1－観察減価率0.1）= 0.54$$

とみるかによって異なってきます。

建物の評価は、対象建物の再調達原価（新築想定価格）を求め、これに現価率に基づく減価修正を行って求めます。

現価率は「経年減価」と「観察減価」を併用して求めます。

「経年減価」は、時の経過による減価を建物建築後の経過年数と、今後の経済的残存耐用年数とに基づき、客観的に把握しようとするものです。

経年減価は機械的なものですが、個々の建物の経年減価だけでは判明しない減価要素を、建物を観察して査定に反映することを「観察減価」といいます。

観察減価を特に考慮すべきなのは、特殊な建築物で経済的価値の下落が経年以上に大きい場合、保守管理が悪いことなどによって多大な補修費用がかかる場合、建物の所在場所の多湿等の自然的条件により経済的耐用年数の到来時期が早まると予測される場合などです。

実際の計算式としては図表3のようになります。

収益物件の場合は収益還元法が適用される

建物がアパートやマンションなどの収益物件の場合は、収益還元法という方法によって収益価格を求めます。

賃料等から修繕費、固定資産税、損害保険料等の必要な諸経費を控除して求めた純収益を還元利回りで資本還元して、収益価格を算出します。還元利回りとは、通常の投資家なら、いくらの利回りなら投資するであろうという利回りですが、不動産の用途、地域、品等によって異なるので、対象不動産の状況に応じて適切に求めることが必要です。

例えば、賃貸物件でも飲食店舗は、住居や事務所より管理が難しいし、都心にある賃貸物件より地方のもののほうが空室リスクは高いし、新しい建物より古い建物のほうが維持管理費はかかり、リスクが高いといえます。要するにリスクが高い物件は、利回りが高くないと買う人がいないので、利回りは高くなるということです。

計算式は図表4を参考にしてください。

図の式からも分かるように、収益価格は、還元利回りをいくらとみるかによって、大き

［図表4］収益価格の算出方法

基本式

$$収益価格 = \frac{純収益}{還元利回り}$$

具体例

【概要】

- 年間賃料収入1000万円
- 諸経費200万円
- 純収益800万円
- 還元利回り５％

【計算式】

$$収益価格 = \frac{純収益800万円}{還元利回り５\%} = １億6000万円$$

く異なります。利回りを低くみると収益価格は高くなります。

例えば、年間の賃料収入が１０００万円で諸経費に２００万円かかり、純収益が８００万である賃貸アパートの収益価格は、利回りを７％とみると約１億１４００万円となり利回りを５％とみると１億６０００万円となります。

現在のように定期預金の金利が１％を大幅に割るような低金利時代には、不動産投資の利回りが低くても数％となるため金融商品より高くなります。そこで、不動産投資には価格変動や空室のリスクがあり手間もかかるものの、投資資金が向かうようになっています。

不動産投資家の期待利回りについても、日本不動産研究所（www.reinet.or.jp/）の不動産投資家調査によると、令和元年4月の調査では、東京（城南地区）ワンルームタイプ賃貸住宅一棟の利回りは6・6％でしたが、令和元年10月の調査では、4・2％となっています。

相場価格をベースに「相対取引」が進む

これまで説明してきたように、土地や建物の価格は、一定のルールによって決まってきます。ルールに基づいて算出された価格が、いわゆる相場となる価格です。不動産の売却で売主側が不利になりがちな原因は、実はこの「相場価格」にあります。

どういうことかと言うと、交渉の最初の時点で売主と買主となる宅建業者あるいは、仲介をする宅建業者の情報格差により、売主は往々にして適正な価格を把握できていないことがあります。

不動産の売却で、不動産業者や宅建業者が一般的に行っている売買のやり方は、「相対取引」という方式です。相対取引というのは、売主、買主の二当事者同士、一対一で売買交渉を行うものです。売主（あなた）と買主は不動産業者のことも、一般エンドユーザーの場合もありますが、宅建業者を間に介在して交渉をすることで、売却価格や条件、引き渡し時期などを決めて契約します。一般的な中古市場では、本やブランド品などが幅広く認識されていますが、そういった中古買取の客と店主の取引が、「相対取引」の最も分かりやすい形と言えるでしょう。

宅建業者は、自ら不動産の売買や仲介などを行う業者です。宅地建物取引業は、法律によって国土交通大臣、または都道府県知事の免許を受けた人しか営業できません。

相対取引では、買主が「買いたい値段」を提示してきます。こちらが「いくらで売りたい」と言っても、相手がNOと言えば交渉決裂です。

「買いたい値段」は相場価格をベースに、個別の条件を加味してプラス・マイナスをしていきます。例えば角地は市場で人気があるので少し高くなったり、不整形の土地は使いづらいので安くなったり、取り壊しが必要な古家が建っていると取り壊し費用を差し引かれたりといったことです。

基本的にはマイナスの要素が指摘されがちで、宅建業者の査定価格は下がる傾向にあります。仮にプラスに働く好条件があっても、売主が気づいていなければ、あえて黙っておかれる場合さえあります。

早く交渉をまとめたい業者の都合で、不透明な取引が行われることも

業者リードの相対取引では、売主が不利になりがちな落とし穴が他にもあります。それは、業者が交渉を早くまとめたいがために、取引を強引に進めてしまう場合です。

例えば、不動産売買の仲介業者がいて、売主と買主の両方を手掛けているケースはよくあります。

こういうとき、宅建業者は変に話をこじらせて長引かせたくありません。時間をかけて交渉をまとめても、自分たちが受け取る手数料は同じだからです。だったら、早くまとめてしまいたいという考えを持つ業者がいるのは不思議ではありません。

すると、業者は売主と買主のどちらの肩も持たなくてはならないため、双方から文句が出にくい価格を設定してきます。こうなると、不動産の適正価格というよりは、話がまとまりやすい価格が優先されてしまいます。つまり、相場よりやや安めの価格です。

売主側にも事情があって、一刻でも早く売ってしまいたいという場合には、お互いの利害が一致していますから何の問題もないでしょう。むしろ、歓迎すべきことかもしれません。しかし、売主が時間的に売却を焦っておらず、適正価格で売りたい、高く売りたいという場合には不満が残ることになります。

渋い顔をする売主に対しては、「東京オリンピック前の今が売り時ですよ」とか「今の買主を逃すと、次いつ見つかるか分かりません」と説得してくることもあります。不動産のプロからそう言われると、そんな気がしてくるものです。結局、売主の中には「本当にこれでいいのかな」と迷いながらも、契約書にサインをすることになる人が大勢います。これでは売主が多くの利益を得られません。

実は、不動産の売買ではこういうことがよく起こっています。宅建業者は自分の手札は見せてきませんから、裏で何が行われているか分からないまま、なんとなくスッキリしない状態で話が進んでしまいがちなのです。これは売主も買主も同じことです。

後々まで「あれが適正価格だったのだろうか」のモヤモヤを残さないためには、取引の透明性が大事になってきます。

高い査定額の裏にある売主泣かせのカラクリ

査定額を低めに設定して早く交渉をまとめようとする仲介業者がいる一方で、あえて高めの査定額を提示してくるパターンもあります。ここからお話しすることが、先に述べた「業者のカラクリ」です。

比較サイトで複数の価格査定を比べた場合などで、他よりも目立って高い査定額が提示されることがあります。売主は少しでも高く売りたいわけですから、その業者に依頼をしたくなるでしょう。しかし、それこそが相手のねらいです。

魅力的な査定額は、物件を自分のところに引きつけておくための手段です。甘い蜜を用意して、そこに何も知らない売主が寄ってくるのを待っているのです。

ところが、高い価格のままでは、買手は当然つきにくくなります。売れないまま時間だけが過ぎていきます。売主がしびれを切らしたり、「本当に売れるのだろうか」と不安になったりしたところで、業者からディスカウントの提案がされます。「このまま高値で待っていても売れません。どうでしょう、価格を下げてみませんか。価格を下げれば、買手も見つかりやすくなりますよ」と言ってくるのです。売主も売れなければ仕方がありませんから、ディスカウントに応じるしかありません。結局、当初の高値では売れず、じわじわと値下げをしていって相場そこそこに落ち着くわけです。

もちろんこれは望ましいことでありませんが、ビジネスとして許されているやり方で、決して業者が法を犯しているわけではありません。ただし売主側の視点からすると、〝おいしい夢だけ見させられた〟気がして、がっかり感や不快感が残るでしょう。

さらに言うと、不動産業者Bが売主Aから安く買い取った不動産を、知り合いの業者Cに転売するといったやり方が裏で行われているケースもあります。

これは「ころがし」といわれる取引です。AB間の売買の仲介をした宅建業者が、BC間の仲介もして一粒で二度おいしいという取引をすることがたまに見受けられるのです。

最初から「ころがし」を目指す仲介業者は、AからBへの所有権移転登記を省略して登記費用を節約するため、AからCへの移転登記を行うために「第三者のためにする契約」あるいは「(Cへの)契約上の地位の譲渡」をAB間の売買契約書で認めてほしいといってくることがあります。

このようなことをいってくるのは「ころがし」をするためです。

ころがし取引が成立するのは、AB間の売買価格が適正な価格ではないこと、端的にいえば安すぎることが大きな原因です。

査定が高値だからといって、売主にとってベストな業者だとは限らないということです。「査定が高い」ことと「実際に高く売れる」ことは別問題だと覚えておきましょう。

仲介業者の「専任媒介契約」には要注意

高い査定額で引きつけておいて、最終的にはディスカウントに持っていくというやり方をする業者に多いのは、「専任媒介」の契約をセットにしてくるパターンです。

宅建業者との契約には、「専属専任媒介」「専任媒介」「一般媒介」の3種類があります。専属専任媒介は現実にはほとんど行われていないので、ここでは割愛します。一般に行われているのは、「専任媒介」と「一般媒介」で、売主は宅建業者とどちらかの契約を結ぶことになります。いずれも業者が提供するサービス内容とそれに対する報酬（仲介手数料）を約束するための契約です。

基本的な契約内容は同じですが、それぞれに特徴があります。

① 専任媒介契約

売主が他の宅建業者に重ねて媒介等を依頼することを禁止する契約。

② 一般媒介契約

複数の宅建業者に同時に媒介等を依頼することができる契約。最終的には、売主の希望条件に合った買主を見つけた宅建業者を通して取引を進めることになります。

専任媒介契約が必ずしも悪いわけではありません、当然メリットもあります。例えば、売主と特定の業者がパートナーシップを結んで物事を進めていけるので、安心感があり、また、媒介契約を締結した宅建業者が誠実であれば熱心に売ってくれます。本当に高値で売る力のある業者となら専任媒介も悪くないでしょう。

一般媒介のメリットは、宅建業者同士での競争が高まることです。業者は契約を成約させたいので、他社よりも高く買い取ってくれる買手を頑張って探してきます。そうして最終的に一番条件のよい買手と取引を進められるので、売主としては有利です。

ただし、一般媒介のデメリットとしては、不動産会社との結びつきが弱くなりがちな点があります。あまり魅力的な物件でないと、「どうせ頑張っても、さほど自分たちの利益にならない」と思って物件に執着がなくなり、各宅建業者の取り組みが希薄になってしまうおそれがあるのです。

いずれを選ぶにしても、自分にとって不利にならない契約の仕方を検討したいものです。どちらか迷ったら、基本的には「一般媒介契約」を選ぶことをお勧めします。私が自分の不動産を相対取引で売るとしたら、一般媒介にします。3社ほどに並行して相談し、競争してもらうと失敗が少ないでしょう。

不動産に物的・法的問題があると、契約後に取引が流れることも

相対取引は、売主と買主がそろったところからスタートします。そこから不動産の精査に入り、細かい引き渡しの条件を決めていくことになります。両者がよく話し合い、お互

いに納得したうえで契約を交わしたとしても、後から不動産に大きな問題が見つかって、契約が解除になったり、売主が賠償金を負わされたりするケースもあります。

例えば、土地の境界の問題です。隣の土地との境界がはっきりしない土地は、売ろうと思っても売ることはできません。売主が勝手に「ここまで」と境界を決めるわけにはいかず、隣人と話し合いをして境界を確定しなくてはならないからです。隣人との話し合いがまとまらないと、賠償金を支払ったり契約解除になったりすることもあります。

あるいは、私道が絡む問題もあります。私道の法的な所有者が誰かがはっきりしないと権利者から通行掘削承諾がとれず上下水道工事もできません。土壌汚染のある土地も問題です。汚染された土地はそのままは使えませんから、土を入れ換えるなどの改良をしなくてはなりません。

こうした難点や問題点を売主が知っていながら隠したまま売ってしまうと、後から問題が発覚したときに必ず揉めます。売主が問題点に気づかずに売ってしまった場合でも、物件に欠陥があれば売主は責任を問われます。せっかく思い通りの値段で売れても、後から賠償金を払ったり契約解除になったりしたら、売主は大きな痛手を負うことになってしまいます。

こういうとき、宅建業者の腕や誠意が問われます。誠意のある腕のいい宅建業者なら、不動産の問題点に気づいた時点で交渉を一旦ストップし、問題をクリアしてくれるでしょう。そして、「キレイな不動産」にしてから交渉を再開し、双方ともに納得のいく解決に導いてくれるはずです。もっと言えば、交渉に入る以前の段階で不動産の問題点に気づいて、トラブルにならないような交渉をするなどして、未然に防いでくれるはずです。ただ残念なことに、必ずしもそういう業者ばかりではないのが現実です。

自分の利益優先で早く取引を終わらせたい業者になると、「売主が悪いから賠償してください」とか「仕方がないから、もっとプライスダウンして買手に納得してもらいましょう」などと言ってきます。そうなると、売主は利益を守ってもらえず、泣き寝入りです。

不動産の売却はとにかく業者リードで物事が進みがちで、当初の希望売却価格とは程遠い値段で終結してしまうことが多いのです。「不動産の価値について正しく知らない」「不動産売却における業界ルールを知らない」「売却対象不動産の問題点に気がつかない」というのは、実はとても恐ろしいことなのです。意地悪な言い方をすれば、業者にとって

〝良いカモ〟にされてしまうことがあるということです。

では、自衛のためにどうすればよいかというと、業者の論理で事が進んでしまいがちな相対取引をしなければよいのです。その代わりとしてお勧めなのが、オークションです。オークションで売れば、売却条件や売却スケジュールも売主のペースで、また、相場より高く売れます。

［第3章］

大手業者査定額の2倍以上での売却も実現できる「オークション」形式とは

買手が競合するから必然的に高値がつく

ここから本題の「オークション」（入札）による不動産売却に話を移します。

相対取引では、宅建業者が探してきた「一人の買手」を相手に、「ベースとなる金額（たいていは相場価格）」をもとに交渉をします。そのため、宅建業者の思惑や買手優位の法則が働いて、売手の不利な取引になりがちであるというお話をしました。

これに対してオークションは、「複数の購入希望者」を相手に、目標金額を設定せずスタートします。購入希望者が本気で欲しいなら、確実に落札できる金額を提示するしかありません。簡単にいえば、売主は「売ってほしければ、高い値段で買ってね」と言っているようなもので、強気のオークションができるのです。〝売手優位である〟という点が、不動産オークションにおける最大のメリットです。

実際に私が手掛けた例でいうと、後の事例でも紹介しますが、大手宅建業者が3億5000万円と査定していた物件がオークションで7億円超の値段で売れたケースがあります。実に2倍以上に跳ね上がったのです。もちろん当該物件が条件的に恵まれていたので、目を見張るような結果が出せたわけですが、どちらにしても相対取引では決して実現しない価格でした。

私は不動産オークションを始めて15年になりますが、オークション形式で売却した物件は、ほぼ例外なく相場価格より高値で売れています。売主が自分で複数の大手宅建業者の価格査定を取り受けてきた物件を何度か入札方式で売りましたが、全て査定価格より高く売却できています。

その実績や経験から断言できることは、「オークションこそ不動産を最高値で売却するベストな方法である」ということです。

入札条件は売主次第。だから有利に売却できる

相対取引では、売主と買主がそろった時点から、どのような条件で売却するかの交渉が始まります。あらかじめ売主が「こういう条件で」と決めていたとしても、買主が拒否すれば妥協点を探ることになります。そのため、価格を含めて様々なことが、売主の希望ラインからずるずると引き下がっていってしまう傾向にあります。

それに比べて、オークションは最初に売主が入札条件を決めてしまいます。「この物件については、こういう条件で売却します。それでよければ入札してください」というスタンスです。こうすると、そもそも提示された条件をのめる人しか入札してこないので、交渉によって条件や金額が下がってしまうことを避けられます。

また、オークションは複数の購入希望者が一番高い金額を競っていますから、自動的に高値になります。業者に足元を見られて買い叩かれる心配はありません。私どものオークションでは「何千万円以上から入札スタート」というような目安はこちらからは提示しません。目安を提示しないのは、提示すると提示額近くに入札価格が集中する可能性があり、入札価格の上振れを妨げることになるからです。

応募してくる側も不動産のプロなので、各自でそれなりの指標を持っており、だいたいの市場価値は見極めてきますが「それよりいくらプラスすれば競り落とせるか」という発想から始まるので、減額方向に動きようがないのです。

さらにいえば、最終的に売却するか・しないかの決定権も売主が握っています。仮に応募してきた入札金額が気に入らないなどの問題があれば、入札不調とし売却しないこととさえ可能です。入札要綱にそのことを明記してスタートすれば問題にはなりません。

これだけ〝売主優位〟のカードがそろっているので、終始、売主の希望に沿った売却がしていけるのです。

不動産オークションの依頼から売却までの流れ

不動産オークションのメリットに触れたところで、少しは興味を持っていただけたでしょうか。

メリットが豊富とはいえ、まだオークションは一般的ではありませんから、実際にどのような流れで進んでいくのかわからない方が大半だと思います。そこで、ここではどのような順序でオークションが進んでいくかを見ていくことにしましょう。

オークションはステップ①から⑦まで設定しています。これを確認すれば、オークションのイメージがしやすくなるとともに、売主として何をすればオークションがスムーズに進むかなどが分かってくるかと思います。重要な部分は後に説明を入れていきます。

ちなみに、不動産オークションをやっている会社は、少ないものの、他にもあります。

他社がどのようにやっているのかは分かりませんので、これはあくまで私のやり方であることはご了承ください。

ステップ① 不動産売却の依頼

売主から不動産売却の相談や依頼が持ち込まれた時点がスタートです。原則として、どのような物件でもオークションの検討対象として考えます。売主は個人、法人、後見人、保佐人、破産管財人など誰でもかまいません。

ステップ② 不動産の調査

当該の物件がどのような種類の不動産で、どのような立地にあり、周辺の環境がどうであるかなどを調べます。実際に現地に赴いて、当該物件を確認することはもちろん、周辺を歩いて回ったり、気になることがあれば近隣の住人に聞き取りをしたりして情報を集めます。

まず現地調査では、次のような点を確認します。

・騒音、振動、臭気はないか
・境界杭、プレート、鋲等があるか
・越境物がないか（空中での電線、樹木の枝葉の越境も含む）
・近くの上空に高圧線がないか
・敷地の地盤沈下はないか
・敷地が隣地より高いか低いか
・隣地と高低差がある場合、擁壁があるか。また、その擁壁にヒビ、亀裂はないか
・擁壁の高さが２ｍ以上の場合、建築確認を受けているか、がけ条例の要件を満たしているか
・地中障害物（浄化槽、井戸、旧建物基礎等）がないか
・樹木、庭石がないか
・焼却炉、キュービクル、薬品容器および油等による土の変色がないか
・建物の雨漏り、シロアリの害、主要な木部の腐蝕、建物の傾きはないか

・建物の石綿（アスベスト）使用はないか
・建物の基礎、外壁にヒビ、亀裂はないか
・建物に神棚、御札、仏壇、位牌等の残置物はないか
・建物内で犬、猫を飼っていたことはないか
・建物の増改築はないか

以上の確認をチェックリストで行います。現地確認は、犯罪捜査で現場百遍という言葉があるように、回数が多いほうがベターです。1回目の現地確認では気づかなかったことに2回目、3回目で気づくことも多くあります。また、前回の現地確認が朝なら次回は昼や夕方などに時間を変えます。朝は静かでも夕方に騒音があるということもあるからです。さらに、複数人で現地確認を行います。一人では気づかないことを、別の誰かが気づいてくれる可能性が高まるためです。

次に、物件が所在している地方公共団体に行って、次のような公法上の規制等を調べます。

- 用途地域（都市計画法により、地域における建物の用途に一定の制限を行う地域。たとえば第一種住居地域、商業地域等）
- 建ぺい率（敷地面積に対する建築面積の割合）
- 容積率（敷地面積に対する建築延べ面積（延べ床）の割合）
- 都市計画道路、公園等の都市施設の有無
- 土地区画整理事業の有無
- 接面道路の建築基準法、道路法上の種別、幅員
- 建物建築確認、検査済証交付の有無
- 土壌汚染対策法、土壌汚染対策に関する条例による区域指定等
- 水害実績、ハザードマップ
- 周知の埋蔵文化財包蔵地
- 上下水道配管図
- 各公共団体の中高層・ワンルームマンション規制条例、指導要綱　等々

これらの客観的な調査によって、物件がオークション売却に向いているか、売却するうえでの問題が潜んでいないかなどをチェックすることになります。

また、売却価格の目安については取引事例をベースに試算します。私たちは、価格査定では費用を一切取りません。

ステップ③　売却に向けて事前に問題を解消

調査によって問題点が出てきた場合は、事前に対処して解消します。そうでないと、スムーズにオークションが進まないからです。事前に問題になりそうな箇所を洗い出し、クリアにしておくというのがオークション成功の最大のポイントです。

例えば、次のような項目が事前準備の対象となります。

- 所有権は誰にあるか
- 売主は登記済権利証あるいは登記識別情報をもっているか

・隣地との境界が確定しているのか（確定していない場合、これに一番時間がかかる。道路との官民境界まで確定するには3カ月位かかる）
・越境物がないか
・私道所有者からの通行掘削承諾書がとれているか
・土壌汚染の危険性がないか
・地中に古い基礎等の障害物がないか
・建物が建ったままになっており、今後解体の必要性がないか
・土地が道路と2m以上接しているか（建築基準法で、都市計画区域内では原則として4m以上の道路に2m以上接していない土地には建物が建てられないため）

ステップ④　売却条件およびスケジュールの確定／入札要綱の作成

売却にあたっての具体的な条件を細かく詰めていきます。売却条件を詰めるにあたって一番大事なことは、入札金額が高いか低いかで売却先を決められるよう、条件を設定することです。

・売買代金の決め方は土地の実測面積に基づくのか、登記簿面積に基づき実測清算しないのか
・売買目的物である土地、建物に売買契約の趣旨に適合しない欠陥・不具合等があった場合、売主はどのような責任を負うか。売主は契約不適合責任を負わない特約をつけるか
・土地の境界を売主は買主に明示するのか
・残置物の処理費用は、売主、買主のいずれが負担するのか
・土地の確定測量が完了しているか
・越境物の有無
・建物の建築確認通知書、検査済証の有無
・違法建築か否か
・建物が賃貸されている場合、年間の賃料収入、諸経費、敷金等預り金の額とその清算方法（敷金等相当額を売主から買主に渡すのか）

後々トラブルを生まないように、万全の入札要綱を作ることも、オークションを成功に導くための大きなポイントです。

スケジュールの目安は、売り始めるのに最短で約1カ月、買主が決まってから契約までに約1カ月です。ステップ①の依頼から、ステップ⑦のゴールまでは通常半年くらいを見ておけばよいでしょう。

ステップ⑤　買手の選定とオークション書類の送付

不動産の特徴や特性を踏まえて、「ここなら高く買ってくれるに違いない」「この会社なら、きっと有効活用してくれる」という買手を選定します。そして、選定した多数の検討者にのみ入札要綱などの書類を送付します。高く買ってくれる相手にオークションを持ちかけるというのも、高値売却を成功させるために必要なポイントです。

どの業者に送付したかを記した送付先リストは売主と共有します。

ステップ⑥　入札

入札要綱にしたがって入札を開始します。入札者の検討期間はだいたい1～2カ月で、入札が始まったら受付期間は3日間程度になります。

入札の期限が終了したら、売主の立会いのもとで開札を行います。こうすることで、オークションの透明性を担保します。

ステップ⑦　落札者との契約／物件の売却・引き渡し

最高額を提示した業者と売買契約を結びます。ただし、一部の例外を除きます。一部の例外とは、買手側に代金全額を支払う能力がないなどの不安材料が確認された場合です。物件をどうしても手に入れたいがために無理をして高額入札してくる例もないわけではないので、契約前に入札業者をきちんと調査をします。

契約成立後は、代金決済手続きや物件の引き渡し、所有権移転の登記などを行って、売買完了です。

代金支払、物件引き渡し、登記移転時には細かい部分にも注意すること

最後に決済時のことについて確認しておきます。

決済とは、不動産取引で、買主が代金全額を支払い、売主が物件を買主に引き渡すとともに、所有権を買主に移転し、登記名義を買主に変更することです。

この決済時に注意すべきは、不動産取引は全て現金または銀行振込による一括支払いで、買主の代金の支払いと売主からの物件の引き渡しおよび登記名義の買主への変更は同時履行（引換給付）が原則とされているところです。

不動産取引では、代金の後払い、あるいは、登記移転は後で、という信用取引はありません。

そこで、決済時点で、即、登記名義を変更できる書類（登記済権利証あるいは登記識別情報、売主の印鑑登録証明書、実印を押印した登記原因証明情報等）を一つ残らずそろえることが不可欠なのです。

決済時にトラブルが起こりやすいのは、これら書類に関するものです。書類のいずれか

と、実印を決済場所に持っていくのを忘れるケースがあります。これから述べることは、いずれも実際にあったことです。

① 権利証の間違い

まちがえて取引物件とは別の不動産の権利証を持ってきたケースがありました。

② 実印の間違い

ご主人が決済の場所に奥様から渡された実印を決済場所に持ってきたが、その実印は奥様の実印であったケースがありました。

③ 移転登記できない

売主が決済に備えて実印のゴミをとったら、元々の印鑑登録証明書の印影にゴミがついていたものだったため、印影と実印が合致せず、登記手続を受任していた司法書士から移転登記できないといわれたケースがありました。

④　名義の不一致

売買物件の登記名義と印鑑登録証明書の名義が一致していなかったケースがありました。具体的には、戸籍上の名はアイであるが、売主が「子」がついていない名前はいやであるということで、売買物件購入時の住民登録をアイ「子」という名前で登録し、不動産登記もアイ「子」としたために起こったのです。

以上のいずれのケースも、決済するためにはどうにか解決しないといけません。①②については、本来の権利証、実印を用意してもらい、③については、その日のうちに印鑑登録をゴミを除いた実印で改めて行ってもらい、④についてはアイ「子」では戸籍上も住民登録上も存在しないので、改めて正しい証明書を急いで取ってもらい、無事予定日に決済を完了しました。

これらの異常事態に対応することも宅建業者の責務であると思いますし、このような事態が生じないように私たちは、決済取引案内に決済時に売主、買主に用意してもらうべきものをリストにして示しています。

口頭のみによる伝達だけは絶対しないように心がけています。

どんな不動産でもオークション検討対象になる

最初に相談にやって来るとき、多くの売主がする質問は、「この物件は売れますか」「売れるとしたら、いくらぐらいで売れますか」というものです。

まず「売れますか」という質問に対する答えは簡潔にお伝えすれば「どんな不動産でも売れます」というものになります。ただ正確には「売れるような状態までもっていきます」というほうが適切かもしれません。売却の足かせになるような問題点やマイナス点を事前に解消するからです。そういう意味で、持ち込まれた物件のすべてがオークションの検討対象になります。

ただし、最終的な落としどころとして、相対取引を選ぶケースも出てくることがあります。それは、相対取引のほうが売主や物件にとってメリットが大きいと判断した場合です。

具体的には、物件が特殊（境界確定を完了できない、私道の通行掘削承諾書が取れない、道路に接していない、建物に不法占拠者がいる等）でオークションにかけても競り合いになりにくく、高額入札が期待できない場合や、相対で狙い撃ちするほうがスムーズに売ってしまえるという場合、売主が特定の買手に売ってほしいと指定してきた場合などです。

そうした事情があるもの以外は、オークションの開催を前提として、買手が魅力を感じて高値を入札してくれるように、できるだけブラッシュアップをしていきます。

次に「いくらぐらいで売れますか」という売主の質問に対しては、最初に不動産の売却見込価格を提示します。不動産の価格の決め方については第2章で説明した通りですが、土地は一物四価のいずれかをベースとして大枠の概算を出せますし、「取引事例比較法」という方法で、より適切な価格を算出できます。

取引事例比較法については2章で詳述したとおりですが、おさらいすると、近隣地域や類似地などの取引事例を多数集めて、適切な選択を行い必要に応じて事情補正、時点修正をし、かつ、地域要因、個別的要因の比較を行って価格を求める評価手法です。

建物の価格についても、前述したとおり、減価償却法を用います。建物がアパートやマンションなどの収益物件の場合は、収益還元法によって収益価格を求めます。

こうした売却見込価格を最初の段階でお知らせしますが、ほとんどのケースでは売却見込価格を上回る値段で売れていきますので、あくまで目安であり、実際の売却価格の最低ラインと考えてもらってよいでしょう。ただし、この売却見込価格を把握しておくことによって「少なくともこの価格以上で売れる可能性が高い」という安心感が生まれるため、売主の多くが積極的にオークションに臨むことができます。

オークション開始時に問題点を残さないための事前処理

ステップ②と③にもありましたが、対象物件について現地調査や役所調査を行った結果、何らかの問題点が見つかった場合には、売主に報告した後、速やかに解決に動きます。法的なことや専門的な事柄についてはこちらで把握しながら事前処理していきますので、売主は基本的には任せてしまうというスタンスでＯＫです。

唯一、売主自身に動いてもらわなければならないのは、遺産分割協議と相続登記が終わっていない場合です。これが終わっていないと、不動産の所有者が確定されず売ることができないためです。

遺産分割協議とは、相続財産を誰がどれだけ相続するかを決めることです。被相続人（故人）が遺した財産を、例えば「現預金はみんなで等分しましょう」とか「Aの土地は長男、Bの土地は二男がそれぞれ相続しましょう」といったように話し合って決めます。

相続登記とは、不動産の名義を被相続人から相続人に変更することです。きちんとこの相続登記をしていなければ、第三者に「この不動産は自分のものだ」と主張することができません。

この遺産分割協議と相続登記はセットと考えて売却前に片づけておきましょう。もし、よくわからない、自分たちでは話し合いがつかない、揉めそうになっている、というときなどには、こちらで専門家を紹介することも可能です。

実は「オークション開始時に問題点を残さない」というのが、不動産売買ではキーポイントになります。宝石を丹念に磨いてピカピカにするかのように、いかに〝落ち度のないキレイな物件〟にしてオークションの舞台に上げるかというのが、我々の腕の見せどころといえます。どうやって小さな傷まで発見し、美しく磨いていくのかといった事例に基づいた舞台裏は、第４章でお話しすることにしましょう。

仲介者による万全な入札要綱の作り方とは

ステップ④でオークションの前に入札要綱を作ると書きましたが、このとき事前に解消できない問題があれば、それを正直に売却条件として明記しておくことが何よりも重要です。隠し立てをしないことで、買主との信頼関係が築けます。

例えば、建物が残存している場合は、解体しておかないと買主側が土地を使いにくくなってしまうのですが、売主に手持ちのキャッシュがなくて事前に解体できないケースなどがあります。

このような場合、買主がどのくらいの解体費用がかかるかをすぐに把握できるように、私たちが事前に解体業者から解体見積書を取り受けて、入札要綱に添付しておきます。こうすることにより、買主の解体費用見積りの手間が省けるとともに、解体見積りがないことで買主が解体費用を過大に計上してしまい、それが買受価格の低下につながってしまうことを避けられるからです。

建物の解体ができていないという旨をあらかじめ売却条件の中に入れておき、買主からは添付した解体見積書による解体費用をマイナスして買受価格を提示してもらえば、買主は難点を分かったうえで的確な入札価格を検討できます。

建物の中に残されて放置されている家財等の残置動産の処理費用についても、建物解体費用と同様に残置物処理費用見積書を取り受けて、入札要綱に添付します。

また、重要なのが改正前民法では「瑕疵担保責任を負わない」という旨を明記することでした。

令和2年4月1日施行の債権関係の改正民法では、瑕疵担保責任の規定が削除され、売主は引き渡された目的物がその種類、品質に関して売買契約の内容に適合しない場合、即ち、契約の趣旨に適合しない欠陥・不具合等があった場合、契約不適合責任を負い、買主は救済手段として①目的物の修補等の履行の追完の請求　②代金減額請求　③損害賠償の請求　④契約の解除をすることができます。

そこで、売買契約前において、確認、予見できる不適合事項を明らかにし、当該不適合事項について売主・買主どちらがそのリスクを負うかの合意を明らかにしておくことが重要となります。

売主・買主のリスク分配合意を明らかにしておく方法として、売買契約書に買主の容認条項（例えば、買主は売買する土地に廃材が大量に埋まっていることを容認のうえ本件土地を購入するものとする等）を定めるとか、売主の表明保証条項（例えば、建物は建築基準法に適合している等）や売主が契約不適合責任を負わない旨の特約を設けることも可能ですが、改正前民法の瑕疵担保責任と同様、売主が知りながら告げなかった事実については、その責任を免れることはできません。

改正前民法の瑕疵担保責任をめぐっては、プラスチック加工工場の事例がありました。事前の売主からの聞き取りでは「地中には何も埋まっていない」とのことで、こちらも安心していたのですが、物件引き渡し後に買主が工事を始めたところ、地中からガラスの破片がたくさん出てきてしまいました。

後から売主に尋ねると「このガラスはプラスチック加工の過程で使ったもの」との説明がありました。これは明らかに売主側の落ち度です。入札要綱と売買契約書には「瑕疵担保責任は負わない」との特約が明記されていましたが、売主が事情を知っていて買主に告げなかったので、裁判となればこの特約は無効と判断される可能性が大です。改正民法でも同様にこの特約は無効となる可能性が大です。

そこで売主と買主で改めて協議をし、売主側が撤去費用の数千万円を負担することでどうにか決着しましたが、私どもにとっては「売主の言葉を鵜呑みにしてはいけない」と反省も大きかった事例です。

改正民法では、現行法下の瑕疵担保責任を廃止して、売主には、種類、品質及び数量に関して契約の内容に適合した目的物を引き渡す契約上の責任があり、引き渡された目的物が種類、品質又は数量に関して契約の内容に適合しないものであるときは、売主は債務不履行として契約不適合の責任を負うとしました。改正民法においても、契約不適合責任（追完請求権、修補請求権、代金減額請求権、損害賠償請求権、契約の解除）を免責する特約をつけることは可能です。債権関係の改正民法は、令和2年4月1日から施行されます。

高額落札が期待できるターゲットに絞り、競争原理を刺激する

入札要綱が固まったらステップ⑤として、オークションの案内を業者に向けて送るため

に、売却地のエリアなどによって送付先を個別に選定してリストアップします。むやみに送付して「下手な鉄砲も数撃ちゃ当たる」方式にするやり方は非効率です。高く買ってくれそうな業者や需要がありそうな仲介業者にターゲットを絞ったほうが、競争原理が促進されて高値水準になります。

そもそもここでターゲットを外してしまうと興味を示してもらえず、オークションが成り立ちません。ですから、ターゲットの絞り込みには神経を使います。頼りは今までの経験と実績とネットワークです。「この物件だったら、あの業者が欲しがりそう」というのがある程度こちらで把握できていますし、心当たりがなくてもネットワークを使って「あそこにターゲットがいる」というのを探し出すことが可能です。

一例をお話しすると、あるとき、売却対象地の条件からマンション適地と判断し、マンションデベロッパーをターゲットに絞り込んでいたことがありました。ところが、市場の反応からしてビジネスホテル適地として売ったほうが買手はつきやすく、圧倒的に高値で売れているということが分かりました。それで軌道修正を行い、ビジネスホテル開発会社をターゲットにオークションをしたところ、当初の予測より大幅に高値で売れました。この経験から、高く売るためには徹底的に情報収集することが大事だと学びました。

また、あるときは、私どもを含めた3社の宅建業者で競争になったことがあります。それぞれが見つけてきたターゲットに入札申込書を送付し、オークションを行うのです。この場合、一番高値をつけた買手を紹介した宅建業者が勝者というわけです。

さっそく情報を集めに対象地に赴いたところ、売却対象地の隣で工事をしていました。そこを開発しているということは、対象地も一緒に買い上げて広く開発したいのではないかと考えました。それでターゲットの中にその開発会社を入れて声をかけたのです。結果、オークションが開き終わると、その開発会社がぶっちぎりで入札額のトップでした。

後から分かったことでは、他の2社も遅れてその開発会社に声をかけていたようです。しかし、先にこちらがその開発会社を確保していたので他の2社は手を出すことができませんでした。こんなふうにちょっとした差で勝負が分かれることもあるのです。

どうしても必要な情報が集まらないときは、場合によっては自腹を切ってでも信用調査機関などから情報を取り寄せます。それくらいターゲットの絞り込みはオークションの結果を左右する大きなファクターなのです。

売主・買主双方にとって公明正大なオークション

第2章で、相対取引のデメリットとして「不透明性」を指摘しました。裏で宅建業者の恣意が働く場合があり、売主も買主も「これが適正価格だったのか」とモヤモヤした気持ちを残しがちです。

それに対してオークションでは、「完全な透明性」を担保しています。入札申込書は郵送または持参のみで、厳封されたものしか受け付けません。ちなみに、入札に積極的な業者はたいてい持参します。郵送だと何らかのトラブルで期日に間に合わない可能性もあるため、確実に届けるために直接持ってくるのです。

開封は売主立会いのもとで行います。そうすることで、誰かが勝手に開封して金額を書き換えたり、順位操作をしたりといった不正行為がなくなります。

先ほど、仲介業者3社で競争になったエピソードを紹介しましたが、なぜ3社で戦うことになったかというと、相続問題が絡んでいました。複数の相続人で1つの不動産を相続したのですが、いざ売却しようとなったとき、それぞれの相続人が仲介業者に依頼しており、どこと話を進めるかで対立したのです。それならオークションで一番高く売ってくれる宅建業者にしようということで、3社対決のような事態になりました。

このケースでは相続人全員が立ち会っている場で、開封しました。目の前で数字が読み上げられていくわけですから、これ以上、公明正大なことはありません。すべての入札金額が可視化されたことで、他の相続人たちが疑心暗鬼になったり、難癖をつけてきたりする余地はありません。

こんなふうに、公明正大であることはトラブル回避につながります。売主にとっては、確実に一番高く買ってくれる相手と契約することができます。買主にとっては、正々堂々と競うことができます。入札要綱にすべての売却条件が明確に示されているので、安心して入札できます。

オークションに関わる全員がwin-winの関係になるために、透明性は大事です。

市場より高い値段でも、落札者（買主）は大満足

売主が気にかかる点としては「買主側は相対取引よりもはるかに高い値段で買うことに

なるのに不満に思わないのだろうか」というところでしょうか。相対取引なら安く買えるのに「どうしてわざわざ高い値段を出して買おうとするのだろう」と不思議に思うのも無理はありません。

しかし、買主側からすると「それだけ高いお金を出しても欲しい」ということなのです。ですから、たとえ高額でも「手に入れられてラッキー」というのが本音です。

先ほどからお伝えしている、対象地の隣で工事をしていた開発業者にオークションを持ちかけて成功した話にしても、開発業者にしてみれば「隣の土地だったから是が非でも手に入れたかった」のです。他の離れた土地では意味がありませんでしたから、それだけの価値があったということです。土地というのは、一つとして同じものは存在しません。同じ形の同じ面積の土地でも、立地が違えばまったくの別物です。「その土地だから欲しい」という相手だからこそ満足してもらえますし、そういった相手を見つけるのがオークションの醍醐味とも言えます。

良いこと尽くめの不動産オークションが、なぜ行われていないのか

これだけ良いこと尽くめのオークションなのに、ほとんどの人はその存在を知りません。本書で初めて知ったという読者も多いのではないでしょうか。

これまで、不動産のオークションというと、裁判所の競売や役所による公有地の入札、土地区画整理の保留地の入札、あるいは破産管財人が行う管財物件の入札による売却などでしか行われてきませんでした。差し押さえになった物件が競売にかかるケースもありますが、抵当権の対象でも何でもない一般の住宅用地を対象にしたものではありません。

弊社では普通の人が所有する普通の土地、しかも面積の小さな土地などであっても、オークションで売るという点で、特異といってよいと思います。

どうして弊社でやっているような一般不動産のオークションが普及しないかというと、入札の準備と手間が面倒くさいと感じて、避ける仲介業者が多いからです。

何がそんなに手間なのかは第4章を読んでもらえれば実情は分かると思いますが、オークションに載せるために必要な事前準備やブラッシュアップに意外と時間と労力が要るか

らです。寿司屋で客に寿司を握って出すまでに、手間暇かけて仕込みをするのと同じです。大手仲介業者は、コツコツと事前準備をするよりも、相対取引でさっさとまとめてしまったほうが楽なので、そちらを選びます。

私たちがあえて手間のかかるオークションをやっているのは〝オークションこそが売主と買主の利益を最大限に引き出せる〟と確信しているからです。

やり始めた当初は迷いながら、ときには失敗もしながらでしたが、今ではノウハウや経験の蓄積ができており、比較的時間や労力をかけずに案件をこなすことができるようになりました。

例えば、現地調査をすれば、だいたい問題になりそうな部分にアンテナが反応します。「あれ、あそこは何だか気になるぞ」「前にも似たようなケースがあったから、よく見ておこう」というように、です。あるいは、ターゲットの絞り込みで「この物件とこの業種の企業を結び付けられるとベストだな」と目途を立てられたり、「このオークションは勝てる」と勘が働いたりします。

私たちは、回数を重ねることで手間のかかるオークションでも、うまくビジネスとして成り立たせることができるようになりました。そしてそれによって高値売却できるオークションをコンスタントに行うことが可能になったのです。

おそらく今後、不動産オークションの魅力に気づいて参入してくる業者も増えるかと予想しますが、たとえそうであっても弊社にはこれまでに培ったノウハウやデータがあります。ノウハウやデータは一朝一夕に積み上げることのできない種類の財産ですから、これからもきっとオークションで勝ち続けることができると思っています。

［第4章］

オークションで高額入札を引き出すための前提条件

オークションさえすれば高く売れるわけではない

不動産は相対取引で売るよりもオークション形式で売ったほうが、ほとんどの場合、高値で売り切ることができます。しかしながら、オークションさえ行えば、とにかく何でも高く売れるというわけではありません。

例えばお寿司は、一見すると、丸めた酢飯の上に刺身を載せただけの簡単な料理に見えます。ちょっと器用な素人が握れば、外見上はそれっぽく見せることもできるかもしれません。しかし実際に食べてみると、素人が握った寿司は職人のそれとは明らかに違うことがわかります。酢飯の味や温度、口に入れたときのご飯のほぐれ具合、ネタの鮮度や風味、ネタとご飯とのバランスなど、すべてにおいて職人のそれは「旨い」はずです。

職人が作った寿司が旨いのは、何時間もかけて仕込みを丁寧に行い、熟練の技で握っているからです。寿司通の人はよく「コハダ」を食べると、その店のレベルが分かると言います。コハダはさばいて酢や塩でメたものを握ります。店によっては握る直前に、醤油が乗りやすいようネタの表面に切り込みを入れるところもあります。酢加減や塩梅、包丁の入れ方などは長年の「勘」によって培われたもので、店ごと職人ごとに違ったこだわりがあります。

さらに言えば、手間暇を惜しまず寿司を追求している職人は、ネタごとに包丁の入れ方を変えたり、酢飯の握り具合を変えたり、醤油ではなく塩で食べるよう勧めたりして、そのネタが一番おいしく食べられる工夫を凝らしています。こうした繊細な心配りがあってこそ、寿司は一級の輝きを放つのです。酢飯とネタというシンプルな材料だけで、世のグルメたちを唸らせる秘訣は、そんな素人では真似できない境地にあると言ってよいでしょう。

話が逸れましたが、なるべく読者の方が想像しやすいような例えを用いて説明してみました。我々が行っているオークションもこのようなことと同じです。経験に裏打ちされた勘がモノをいいますし、細部まで神経を尖らせることが必要なのです。

そうやって身につけたスキルを元に、本章ではオークションで高額入札を引き出すための最重要ポイントをご説明します。

オークションに向く不動産　向かない不動産

これまで不動産オークションのメリットを述べてきましたが、すべての不動産売却がオークションに向いているわけではありません。

オークションの一番の目的は、不動産の高値売却を実現することです。

オークションで高値が実現する理由は、買主がオークションにかけられた不動産を是非手に入れたいと競争し、少しでも高い買付価格を提示するため価格がせり上がるからです。

そこで、オークションの対象として適した不動産は多数の買主が購入を検討してくれる不動産であるということです。

多数の買主が購入を検討してくれる不動産というには、その不動産の諸々の要因が問題となります。

多数の買主が関心を示してくれる要因がその不動産に備わっているということです。具体的にいえば、商業地であっても住宅地であっても、人気のある地域にあるということです。

商業地で人気がある土地であるといえる地域要因としては、駅に近いという交通条件や、店舗が集まっていてお客が集まりやすいという条件や、店舗ビル等を建築しやすいという都市計画法、建築基準法等の公法上の規制等があります。

住宅地の地域要因としては、駅に近いという条件のみならず、日照、道路の幅、各土地の面積、利用状況、街並みの状態、眺望景観の良さ、上下水道、ガス等の整備状態、住環境を保全するための公法上の規制等が挙げられます。

商業地、住宅地に共通する主な個別的要因としては、間口、奥行、面積、地形や角地等の接面道路との関係があります。

例えば、間口は広く、面積は適度で、地形は整形で、角地の方が人気があります。

住宅地については、以上の他、日照の良さが人気を集める条件です。

以上のような良い地域要因と個別要因を備えた土地が、多数の買主を集めオークションで高値売却できる土地です。

しかし、すべての土地がこのような条件をすべて備えているわけではありません。

逆に以上の諸条件のうち、オークションに向かない不動産とはどのような条件の不動産であるかを述べます。

商業地についていえば、駅から遠く、人通りも少ない土地です。

住宅地についていえば、駅から遠く、日照が悪く、道路が狭く面積が過大であったり、過小であったり地形不整形で住環境の悪い土地です。

商業地、住宅地のいずれについても、公法上の規制として、市街化調整区域に指定され、建物の建築が認められていない土地はオークションに向きません。

また、都市計画区域内の土地で建築基準法上の道路に接していない土地も建物が建築できないのでオークションに向きません。

さらに、商業地、住宅地いずれの土地でも土地の境界が未確定の土地は、将来、境界紛争を生じさせる可能性があるため、多数の買主を集めることができず、オークションに向きません。

境界の確定とは、隣地所有者と境界立会したうえで、境界標識、境界杭、境界プレート、境界鋲等が設置され、境界確認書が取り交わされた状態をいいます。

境界が未確定であっても、既存の境界標識が確認でき、境界標識を表示した測量図が存在すればオークションを行うことができる場合もあります。

この他、私道に接面した土地で私道所有者の車両通行、通行掘削承諾書が取り受けできない土地もオークションに向きません。

承諾書がないと、対象の土地に車両の乗り入れができず、私道での上下水道、ガスの配管工事もできず、オークションでの入札が見込めないからです。

下準備の第一段階は、問題点の洗い出し

オークションにかける不動産も、寿司のネタと同じです。形式的な手順を踏んだだけでは〝素人の寿司〟の域を出ることはできません。やはり、不動産ごとの事情や特徴に合わせて、ていねいな仕込み、つまり「事前準備」をすることが高値売却の前提条件なのです。

では、我々がどんな事前準備をしているかですが、高値売却の弊害となりうる問題点を洗い出しては、的確に処理していくということです。方法としては対象物件の現地調査や役所調査を行い、気になる点をチェックして問題を随時潰していくということになります。

チェックするポイントは、大きく三つです。

①　物的な欠陥や問題点がないか
②　法的な欠陥や問題点がないか
③　後々トラブルになりそうな種はないか

これらについて、どのようなことが問題になるかを具体的にお話ししていきましょう。

物的な欠陥や問題点がないかを確認し、対処する

高値売却のためにも物的な面で事前に確認しておかなければならないのは、特に以下のようなことです。

①　境界線・越境物
②　地中障害・土壌汚染
③　アスベスト

④　PCB（ポリ塩化ビフェニル）
⑤　がけ・擁壁

それぞれについて確認していきましょう。

チェックポイント①　境界線・越境物

まず一つ目、土地の物的な条件で気をつけなければならないのは、「境界線や越境物の問題」です。

境界線については明確に「ここから、ここまで」という範囲が決まっていることが第一条件です。望ましいのは、道路を含む全ての隣地との境界について境界確認書があることです。そうでないと、分筆登記もできず、買主に納得してもらえません。道路を含む全ての隣地から境界確認書を取り受けるには、少なくとも2～3カ月の期間が必要です。

境界問題が起こりやすいのは、昔からあって、これまでに売買をされてこなかった土地です。

そういう土地はしばしば、お隣との境界が曖昧なことがあります。あえて境界を明確にしなくても、今まで通り住んでいく分には何も困ることはないからです。

そのような土地では、お互いの間で話し合ったり取り決めを交わしたりはしなくても、「大体ここら辺からこっち側がうち、そっち側がお隣」という感覚があるものです。しかしながら、いざ土地を売ろうとして境界を確定しようとすると、お隣とこちらとで「ここら辺」の感覚がズレていることがあります。境界にあるブロック塀の外側と内側で境界線の主張が食い違うなど様々な問題が挙がってきます。何か問題が出てくると、ずっと仲良く助けあってきた両家が土地の境界で揉めてしまうということも、残念ながらよくあることなのです。

これから自分の費用負担で塀を設けるという場合、塀は境界線を越えないように作ることが原則です。隣地の日照、通風等、環境にも影響を及ぼしますので、隣地所有者の意向を踏まえて、高さ、材質を決めるのが望ましいといえます。

越境線上にまたがって自分の塀を設置してしまったら、境界線を越えた部分については越境したことになります。塀の工事業者の中には、境界線上にまたがって設置することが注文者の利益になるという誤った考えをする人もいますので、注文する場合には越境しないよう指示することが必要です。

また、越境は地上だけでなく地中も対象になることを忘れてはいけません。

例えば、地中に越境している配管なども注意です。もし何らかの事情で、自分の家の排水管が隣地を経由しているかどうかを調べることになったら、排水経路の確認方法として、自分の家の排水の起点（例えばトイレとか流し）で牛乳を流し、排水の下流と思われる位置の排水枡《マス》に牛乳が流れてくるかどうかで調べることができます。

越境配管がよくあるのは、昔、ある一帯の地域が一人の地主の所有していた借地で、その後、底地が各借地人に分割譲渡された土地などです。借地の時には、一人の地主の所有ですから、各借地人の間での境界はあまり気にされません。

境界のはっきりしない土地は「分筆登記ができないので売買ができない」「隣接する土地との間で争いの火種になりやすい」という点で厄介です。

万が一、境界が曖昧なまま強引に売ってしまうようなことがあれば、買主が後で処理しなくてはならなくなります。そんな土地を欲しがる買主はまずいませんし、探そうと思ったら購入価格をうんと下げないと見つかりません。

そこで、土地の境界問題はオークション前に対処しておくのですが、すべての隣接地との境界確認書がある状態がゴールになります。角地でなければ前後左右の4カ所以上で境界確認書が必要だということです。どこか一カ所でも境界が未確定であれば「課題あり」と見なし、早急に解決に動かなくてはなりません。実は境界確認書がない場合は往々にしてあるものですが、土地家屋調査士に依頼して境界を明確にしていきます。

ちなみに、測量には大きく二つの方法があります。

ひとつは、現況のまま測る「現況測量」です。これは勝手に自分が測量するだけなので、境界を決めることまではできません。

もうひとつは、道路を含む隣接地の所有者の立会いのもとで行う「確定測量」です。この時には、お隣さんに「ここを境界点・境界線にしてよいです」という承諾を境界確認書でもらうことになるので、はっきりと土地の範囲を確定することができます。

後者の確定測量をしておくと、買主は安心して土地の購入を検討できるため、高く売却できる可能性が高くなります。

土地の境界問題では印象的なエピソードが二つあったので、ここで紹介しておきます。

【事例1】隣人が境界確認書に判子を押してくれない

隣の地主の立会いのもとで確定測量を行ったのですが、その地主が境界そのものは認めてくれるものの、個人的なポリシーで境界確認書には判子を押してくれないというケースがありました。無理に判子を押させるということはできませんから、この問題を解決するには、少々複雑な方法が必要となりました。

我々は登記官に直接交渉することにしたのです。

実は境界確定において境界確認書は、なければならないという原則ではありません。原則は登記官が対象地を見て「この境界線で間違いない」と判断することなのです。ただ、世の中にはごまんと取引があるため、いちいち登記官が赴いて確認することができません。それで境界確認書で補うのが通例になっているのです。隣の地主の境界確認印が図面にあれば、登記官はこの境界線は正しいものだという前提で分筆を認めてくれるということです。

ちょうど我々のもとに隣の地主から「境界は認めるが、確認書に判子は押したくない」との意思を伝える手紙が送られてきていましたので、それを法務局に提出して登記官に直接読んでもらうことにしました。すると登記官は「境界そのものが了承されているのであればOK」と判断し、境界を認めてくれたので無事に分筆ができました。

こういうイレギュラーなケースに機転を利かせてどれだけ対応できるか、というのが事前準備では大きな分かれ道になります。

境界確認書を取り受けるタイミングについても、確認書をもらうべき隣地の地主が対象地を取得したがっているような場合には、売却の話は伏せて確認書をもらう方がベターです。売却の話を先にしてから確認書をもらおうとすると、その確認書の見返りを求められるなどの恐れがあるからです。

また、測量する土地家屋調査士の能力によって穏便に事が進む場合もあれば、逆に起こさなくてもよいトラブルが起こることもあります。ですから、我々も土地家屋調査士を誰に頼むかということには気を配ります。道路を管理する役所や登記官との折衝能力いかんによって、話がスムーズに通ったり、こじれて長引いたり、あっけなく否認されたりするからです。

最初から区画ができていて、資料もそろっていて、まず争いが起こることはないだろうと思われる分譲地などは、資格をもった土地家屋調査士であれば問題ありません。

しかし、「これはちょっと難しそうだな」と思われる物件については、折衝能力や交渉能力の高い人に頼む必要があります。これは単に経験年数の長いベテランに頼めばよいという話ではなく、年齢は若くても状況判断に優れ、上手にネゴシエーションを進めていける人を見極めて依頼するということです。

【事例2】境界立会を拒否されたときの奥の手、カミソリ分筆

確定測量を行うために隣地の地主に声をかけようとしたのですが、本人が高齢で老人ホームにいるため立ち会えず、その息子たちにお願いしたところ、推定相続人間の思惑からか、立会いを拒否されたことがありました。これでは境界を確定することはできず、オークションでの売却に難が付きます。

そこで、この状態を解決するために我々がとった方法は、図表5のように売主自身の土

[図表5] カミソリ分筆のイメージ

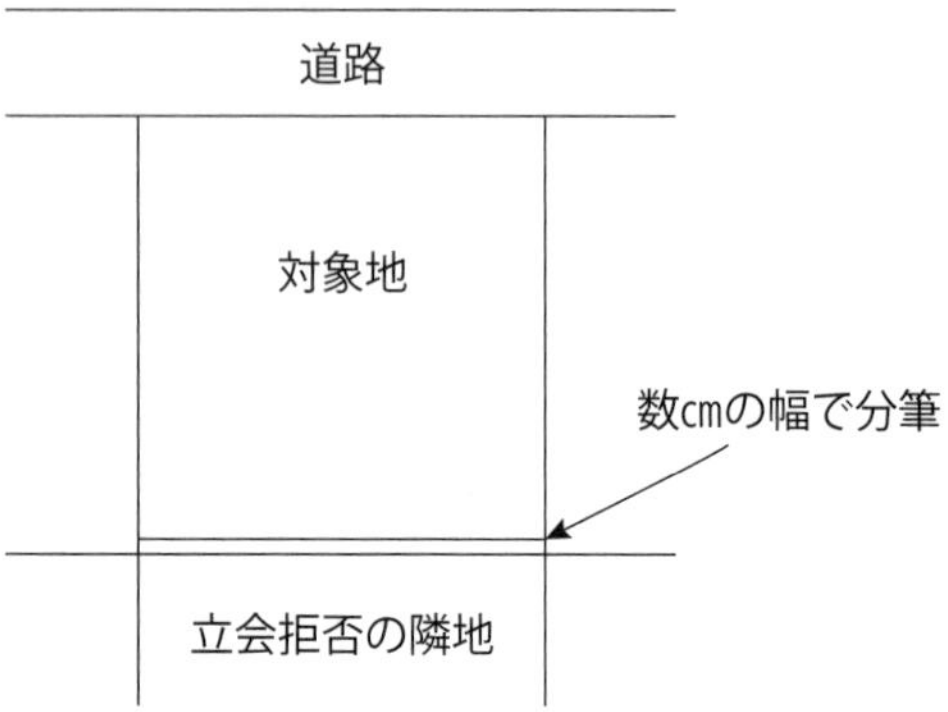

地を幅1㎝削ることでした。この手法は業界用語で「カミソリ分筆」というのですが、互いの土地の間に幅数センチほどの細長い土地を作って、隣地と接しないように自分の土地の中で境界を確定する方法です。これによって、売主の土地は幅1㎝小さくなりますが、境界確定できない間は土地の売却もできません。そのままにしておいても手間と費用ばかりかかってしまい、売主のメリットはどんどん小さくなっていくばかりです。

今、損をしてでも境界を確定したほうが高値売却に繋がるので、結局は得策であることをよく説明して、このときは売主の了解を得ることに成功しました。時には「損して得とれ」の方式で問題解決を図ることもあります。

他にも土地によっては、所有者が行方不明で連絡がつかなかったり、戦前に登記された土地で所有者の所在を確認しきれなかったり、といった理由で、境界確定が容易ではない場合も多くあります。明らかに境界確定が不可能だと感じたときには、どこかで見切りをつけるしかありません。その見切りのタイミングもまた経験がものをいいます。

登記については、現在の法律では相続が発生しても相続人が相続登記をすることが義務づけられないため、公共事業や土地取引の障害となっており、相続登記の義務化が法務省で検討されています。

チェックポイント②　地中障害・土壌汚染

次に、「地中障害・土壌汚染の問題」です。

地中障害とは、昔の建物の基礎が残っている場合や、浄化槽、井戸、ゴミ、石、瓦、柱等の建築廃材が埋まっている場合のことです。珍しいところでは、昔はビルの基礎に松杭を使用していたので松杭が大量に見つかったり、江戸時代の処刑場跡から人骨が出てきたりすることなどもありました。

こうした地中障害は、結構な割合で見つかります。昔は産廃処理規制が厳しくなかったことも理由の一つではあると思いますが、こうした地中障害があると基礎工事ができませんので事前に処理しておかないといけません。

また、土壌汚染とは、重金属・有機溶剤・農薬・油などの物質によって土壌が汚染されている状態のことです。汚染の原因となりやすいのは、工場や排水施設からの漏洩や廃棄物の埋め立てなどです。人為的な原因がなく、ヒ素やフッ素等、自然由来で有害物質が含まれていることもあります。

油（ガソリン・重油）で汚染されているという場合もあります。油は土壌汚染対策法（www.env.go.jp/water/dojo.html）で定められた有害物質ではありませんが、放っておくとベンゼンになる危険性もあることや、油膜、油臭の不快感から、土地の瑕疵（きず）とみなされることから、土壌汚染として対策されるケースが増えています。油汚染をそのままにしておくと、契約不適合責任を追及されるリスクもあるということです。

土壌汚染は人体の健康や動植物・生態系に長期間にわたり悪影響を及ぼしますので、汚染が分かったら処理しなくてはなりません。

しかし、土壌汚染というのは見た目や臭いで気づく場合もありますが、たいていの場合は外見では気づきにくいものです。また、土壌汚染は半永久的に残ります。売買時点では駐車場であったとしても、過去のどこかの段階で汚染されている場合があるかもしれません。

そのため、問題の洗い出しのときには必ず土地の利用履歴を調査します。

調査方法は、古い住宅地図や建物の閉鎖登記簿謄本（昔、建っていたが、現在、取り壊されている建物の登記簿謄本）等の確認です。住宅地図は古いものでもすべて国会図書館に保存されていますので、そういう資料を探してきて、過去にガソリンスタンドやドライクリーニング工場、メッキ工場、印刷工場等がなかったかとか、周囲に化学工場があった時代はないかなど、土壌汚染に繋がるファクターの有無を確認していきます。

また、土壌汚染があるかどうかの調査は、土地の土を一粒ずつ調べるのではなく、調査試料採取の区画を１００㎡（10ｍ×10ｍの格子）とか９００㎡（30ｍ×30ｍの格子）で一点採取というように行うので、二つの調査会社に調査依頼すると一社からは汚染物質ありで、もう一社からはなしというケースもあります。このあたりは、宅建業者の経験と知識が生きるところです。

このような地中障害、土壌汚染をうまく事前処理しておくことが、オークションでの高値売却を可能にします。

【事例1】鉄工所用地だった過去から調査を入れて鉛汚染を発見

土壌汚染をめぐる問題では、こんなケースがありました。

ごく一般的な土地の売却案件に思えたのですが、調査してみると以前、鉄工所の用地だったことがわかりました。鉄工所跡地ということで土壌汚染のリスクが懸念されたため、オークション前に土壌汚染調査を行ったところ、案の定、鉛の成分が検出されました。こうなると事前に土を入れ換えるか、「この土地は鉛汚染がある」という注意事項を入札要綱に記載しておかなければなりません。

鉛といえば、この事例では鉄工所の操業に由来する汚染の可能性が高かったわけですが、そういう工場がない場合でも検出されることがあります。例えば、戦争中に空襲を受けた地域では、焼夷弾の中に含まれていた鉛などがそのまま残っている可能性が高いと言われています。そのため、歴史的にリスクの高い地域というのがあり、だいたい目星をつけて調べるケースもあります。

結局、鉛汚染に対しては、オークション前に土を入れ換える処理費用の見積書をとって、これを前提に入札を行いましたが、この事前処理のおかげで高値での売却ができました。仮に鉛が検出されなかったら調査費用が無駄になるのではないかと思われる方もいるかもしれませんが、そうではありません。「土壌汚染調査済み」という保証が得られることで、買主にとっての安心材料が一つ増えることになり、高値での購入に繋がるからです。

【事例2】土壌汚染処理費用の負担で会社が破産

これは私たちが最初から携わっていなかったのですが、うまく土壌汚染対策をしておかなかったために売主が痛い目を見たケースです。

ある会社が、土壌汚染が判明している土地の売却を考えて、引き渡し時までに汚染処理をして買主に引き渡すという売買契約をある宅建業者の仲介でしたものの、その後、汚染処理をするための費用があまりにも多額となったため破産してしまったのです。

私たちは、破産した後に、破産管財人からこの土地の売却を依頼され、少額の費用で汚染処理をする買主に買ってもらう仲介をしたのですが、最初の売買契約の時の詰めが甘いと感じていました。というのも、契約時に売主の処理費用が過大となる場合には、ペナルティーなしで売買契約を白紙解除できるという内容にしておけば、破産しなくても済んだ話だからです。

何か問題が判明した場合には、売買契約上での対応をしておくことが重要であるとよく分かるケースでした。

チェックポイント③　アスベスト

アスベスト（石綿）は、自然界に存在する鉱物繊維で「せきめん」「いしわた」と呼ばれています。石綿含有建材はその発じんの度合いによる作業レベルの観点から整理された「レベル1～3」として便宜的に分類されています。

レベル1は、もっとも飛散性の高い石綿含有吹付け材であり、建築基準法で規制されている吹付け石綿などが分類されています。次いで飛散性が高いレベル2には石綿含有保温材、断熱材、耐火被覆材が分類されています。レベル3は、それ以外の石綿含有建材が分類されますが、主にスレートや岩綿吸音板などの成形板の仕上げ材料です。

アスベストは、そこにあること自体が直ちに問題なのではなく、飛び散ること、吸い込むことが問題となるため、労働安全衛生法や大気汚染防止法、廃棄物の処理及び清掃に関する法律などで予防や飛散防止等が図られています。

これらの粉塵を吸い込むことで、塵肺、肺線維症、肺癌、悪性中皮腫などの病気を発症する要因になると指摘されていることから、事前対応が必須です。

飛散性アスベストが存在する建物の解体や改修工事をする場合には、まず所轄の役所に届出をしたうえで、工事に携わる労働者の健康障害の防止、大気汚染防止の観点から、施工対象区域を密封養生してアスベスト繊維が空気中に飛散することを防止する必要があり、原則として湿潤化して手作業で行うことになっています。飛散性アスベストの除去、囲い込み、封じ込めを行う作業では、作業場の汚染された空気を外に逃がさないため負圧除塵装置の使用も必要です。そのため、解体費用や手間が大きくなります。引き渡し後に解体せずそのまま使い続ける場合でも、適切な安全措置を講じることが義務づけられています。また、宅建業者もアスベスト使用調査の内容については重要事項説明書での説明が義務付けられています。

アスベスト含有製品の有無は、建材種類別及び製造時期並びに目視、設計図書等により調査し、判断できない場合については、サンプリングをして分析が必要になります。ただし、アスベスト使用が記載されていない場合でも、後の改修・補修工事でアスベストが使用された可能性もあるので、現地調査も併せて行う必要があります。現地調査は国土交通省公認の「建築物石綿含有建材調査者」やＪＡＴＩ協会（旧・日本石綿協会）認定の「アスベスト診断士」に依頼するのが妥当です。

私たちが直面したケースでも、建物の設計図書では、飛散性アスベストはないという表示でしたが、現地調査をしたら、飛散性アスベストが発見され、建物の解体費が当初の見積りより倍増したことがあるので要注意です。

チェックポイント④　ＰＣＢ（ポリ塩化ビフェニル）

ＰＣＢ（ポリ塩化ビフェニル）は、電気機器の絶縁油、変圧器、コンデンサー、蛍光灯等の安定器、ノンカーボン紙など様々な用途で平成2年頃まで利用されてきました。しかし、脂肪に溶けやすいため体内に浸透しやすく、慢性的に体内に取り込むことで、様々な健康被害を引き起こすことが分かっています。そのため、事前対応が必要です。

ＰＣＢが大きく世間を騒がせたのは「カネミ油症事件」です。昭和43年10月に起きたこの事件は、米ぬか油（ライスオイル）の製造過程で用いられたＰＣＢ等が混入したことで、米ぬか油を摂取した人に食中毒が発生したものです。

ＰＣＢによる中毒症状は、目やに、爪や口腔粘膜の色素沈着などから始まり、座瘡様皮疹（塩素ニキビ）、爪の変形、まぶたや関節のはれなどが報告されています。被害は西日本を中心に広域にわたり、患者数は1万3０００人にまで上りました。

現在、ＰＣＢは譲渡を禁じられています。建物の売買でＰＣＢ使用の機器があると、売主の負担で指定業者に運搬を依頼し、ＰＣＢ専門業者に処理をしてもらわなくてはなりません。危険物なので処理を待つ間も厳重に保管する義務があります。

ＰＣＢの有無は変圧器、コンデンサー等の形式、製造年月、製造番号等が記載されている銘板の写真をメーカーに送ればおおよそ分かりますが、なかには判別がつかないものもあり、そうすると変圧器等に穴をあけて中の油を検査しなくてはなりません。その費用が10万円単位でかかってきます。それに一度穴をあけた変圧器等は使えませんので、いずれにしても処分費用がかかります。

チェックポイント⑤　がけ・擁壁

がけや擁壁が大雨で崩壊し、人命に危害を及ぼした例が全国各地で多く見られることから、事前に意識しておかなければなりません。

高さが２ｍを超えるがけや既存の擁壁に近接する土地で、その下端からその高さの2倍以内の範囲に建築物を建築する場合には、地方公共団体のいわゆる「がけ条例」により、擁壁の新設、既設の擁壁や建築物の構造などについての図表6の制限があります。

［図表6］

1）自然がけに近接して建築する場合

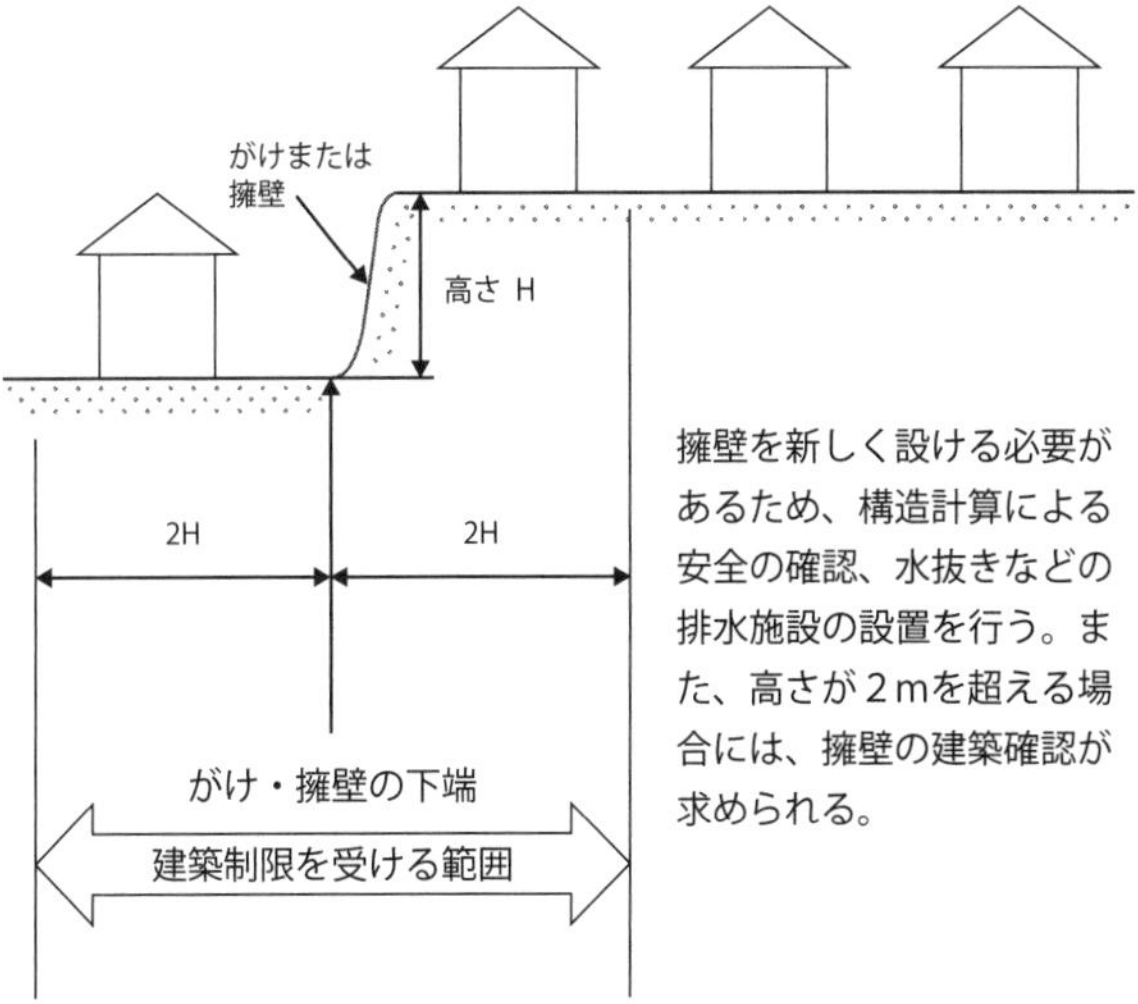
がけまたは
擁壁
高さ H
2H
2H
がけ・擁壁の下端
建築制限を受ける範囲
擁壁を新しく設ける必要があるため、構造計算による安全の確認、水抜きなどの排水施設の設置を行う。また、高さが2mを超える場合には、擁壁の建築確認が求められる。

2) 既存の擁壁に近接して建築する場合

2-1) 既存擁壁の上の土地に建築する

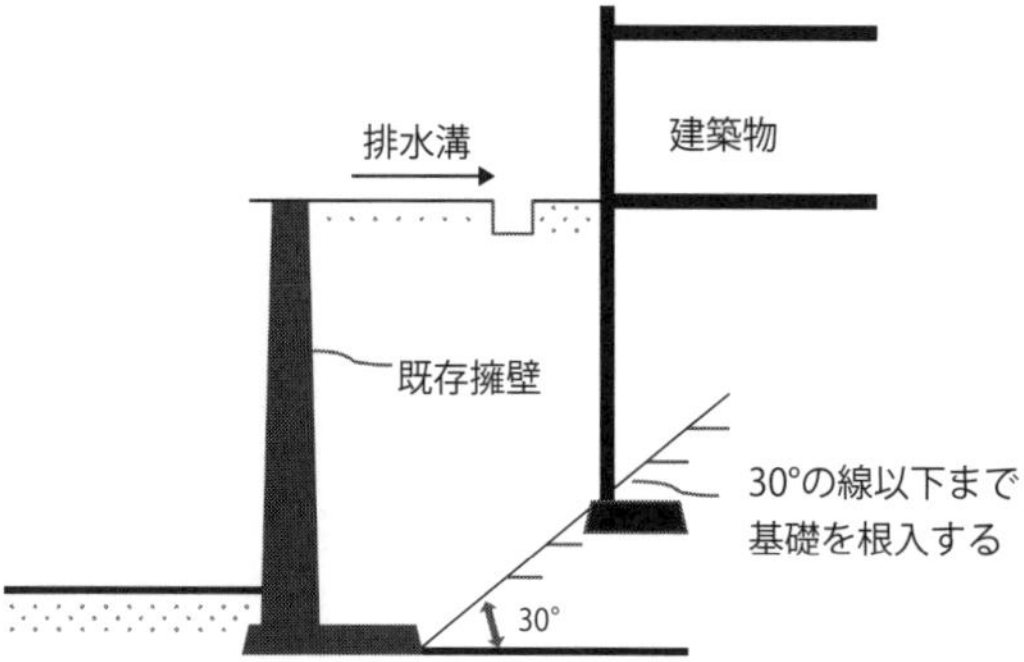

2-2) 既存擁壁の下の土地に建築する

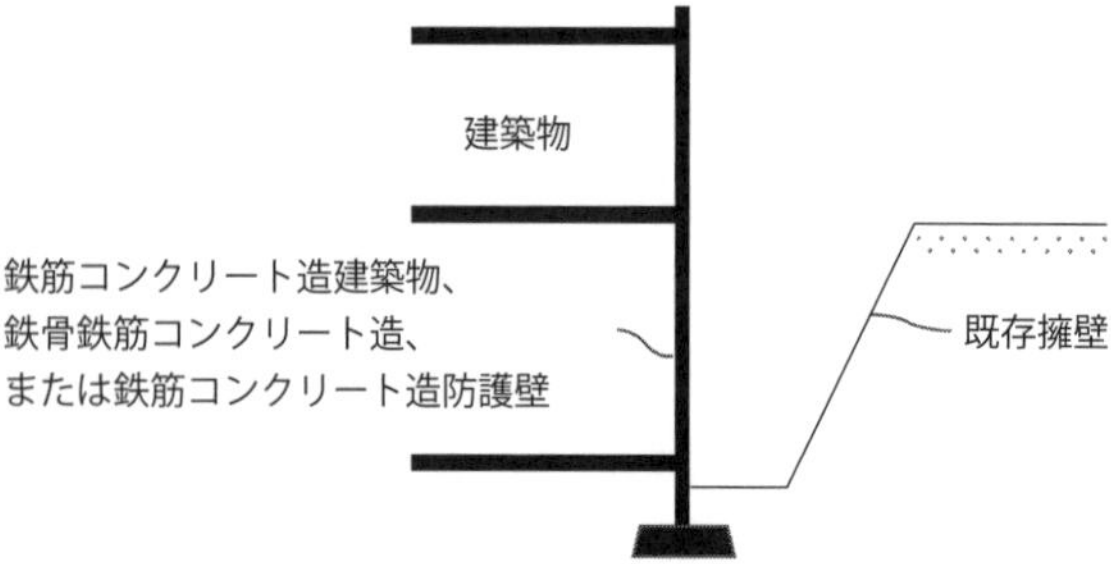

不動産の権限にかかわる法的な問題がないか

土地そのものが抱える問題以外に、法的な問題のある土地も高値売却からは遠ざかってしまいます。法的な問題は大きく分けて「私法上の問題」と「公法上の問題」という二つの面があります。

私法上の問題とは、不動産の権限に関わる法律上の問題です。例えば、次のようなものがあります。

①　売主が真の所有者か
②　売主に本当に売る意思があるか
③　代理人がいる場合は、代理権を持っているか
④　相続財産の売却では、売主として相続人がすべて把握されているか
⑤　私道に面している場合、私道所有者の通行および掘削の承諾が取れているか
⑥　借地権・底地・借家権はどうなっているか

一つずつ詳しく見ていきましょう。

① 売主が真の所有者か

近年、東京都内の中心地で大手ホテルチェーンや大手ハウスメーカーが、地面師から12億円だったり63億円だったりを騙し取られたという事件が報道されています。

地面師という言葉を初めて聞く方もいるかもしれませんが、所有者になりすまして他人の土地を売却し土地代金をだまし取る詐欺師のことです。

不動産の移転登記をするには、不動産の登記済権利証あるいは登記識別情報、売主の印鑑登録証明書、売主の本人確認書類（運転免許証、パスポート等）が必要ですが、地面師はこれらを偽造して本人になりすまします。

運転免許証とパスポートについては、前者は平成21年4月1日から、後者は平成18年3月20日からICチップが埋め込まれていますので、ICカードリーダーで記載内容を読みとることができます。したがって、IC化された運転免許証、パスポートは偽造、変造が難しくなっています。

そこで、売主が真の所有者か確認する手段として、運転免許証やパスポートを必ず提示してもらうということは有効です。また、売主が売買不動産の過去数年の固定資産税納税通知書を持っているか、売買不動産を取得した経緯を矛盾なく回答できるか、複数の本人確認書類（年金手帳、健康保険証等）を提示できるかを確認するという方法もあります。要するに、本人しか持っていない物を確認して調査を尽くすことが必要です。

② 売主に本当に売る意思があるか

売主に意思能力があるかどうかも問題となります。裁判で意思能力がないと判断されればその時点で売買契約は無効となってしまうからです。

そこで、売主の判断能力が不十分な可能性がある場合、後見人、保佐人、補助人等成年後見制度の利用も検討する必要があります。

売主がすでに高齢者であるという場合には、後見人や保佐人が選任されていれば、後見人や保佐人と売買契約をしないと有効な契約ができないので、後見登記簿で後見人、保佐人が登記されているか、いないかを確認する必要があります。

③ 代理人がいる場合は、代理権を持っているか

代理人が本人からの委任状を持っているからといって、必ずしも有効な代理権を持っているということにはなりませんので注意が必要です。

つまり、本人が本当に代理人に代理権を与えたか確認する必要があるということです。形式的にも委任状の委任者の住所氏名は自筆で、実印が押印されていることが必要です。場合によっては、本人に面談して本当に代理権を与えたか確認することも必要です。

④ 相続財産の売却では、売主として相続人がすべて把握されているか

相続財産を売却したいという場合には、相続人全員の合意が必要になることがあります。というのも相続財産は、相続人全員で共有するケースが数多くあるからです。そのような共有財産となっている時には、共有者の1人でも反対する人がいると、その不動産を売却することができずにトラブルになりがちです。そのため、売却にあたっては、なるべく早

めかつスムーズに合意を取り付けておくということが重要です。

法定相続人であることを証明するためには、これまで、相続手続を行うたびに、戸籍謄本等の束を提出する必要がありました。平成29年5月29日から「法定相続情報証明制度」が始まったため、法務局に戸籍謄本等の束を提出し、あわせて相続関係を一覧に表した図を提出すれば、登記官がその一覧図に確認文を付した写しを無料で交付してもらえることになり、相続手続のたびに戸籍謄本等の束を出す必要がなくなりました。

我々が手掛けた案件では、9人の相続人が土地を共有していたケースが印象的でした。両親から兄弟姉妹が土地を相続したとのことでしたが、共有状態にしたままで時間が経過し、だんだんと皆が高齢になっているところで、1人の相続人から相談を受けたのです。

元々兄弟姉妹が9人いたわけではないのですが、なぜ相続人が増えたかというと、相続権を持っている人が亡くなって、その子供ら（兄弟姉妹からすると甥・姪）が相続権を引き継いでいたからです。相続人が亡くなるとその権利は子に移るようになっています。これを代襲相続といいます。

相談された時点で兄弟姉妹のうちの1人が亡くなっていたため、代襲相続が発生し相続人が9人にまで増えていたのです。このままでは他の人で代襲相続が起こるのも時間の問題でした。今以上に相続人が増えると、売却のための同意を集めて回るのが困難になります。そこで、依頼者がいよいよ危機感を覚え、我々のもとに相談に来たのでした。

我々は1人ずつの相続人と連絡をとり、同意の書類を集めて回りました。かなり時間が経過していたこともあって、9人はそれぞれ日本各地に離れて住んでおり、中には海外に長期滞在している人までいました。結果的には無事に全員の同意を得ることができ、高値売却ができたのですが、その労力たるや生半可なものではありませんでした。

ちなみに、取引が終わって1カ月ほどして、また1人相続人が亡くなりました。その方には3人の子がいましたので、タイミングが少し遅れていたら、また3人分の合意が必要になるところでした。

⑤ 私道に面している場合、私道所有者の通行および掘削の承諾が取れているか

私道に面している土地の場合は、通行掘削承諾がネックになることが多いです。

ここでいう「私道」とは私人が設置し、管理をする道路です。これに対して「公道」と

は、広義では、公共一般に広く供されている道を言い、狭義では国や地方公共団体が管理する道路です。公道か私道かは所有権のみでは判断できないのが厄介なところです。一例をあげれば、都内有数の高級住宅地である渋谷区松濤には、屋敷をかまえていた旧大名家の鍋島家の所有地である区道が多数あります。

私道には次のようなことがよく見られます。

ア　私道の所有権や持分について

小規模な分譲地で散見されますが、建物の敷地となる土地の所有権は取得しているが、その敷地に接する私道の所有権や持分が、当初分譲した不動産会社や前所有者に残されているケースがあります。

また、私道所有者の所有権登記が戦前になされたままで、私道の相続人を探すのに大変苦労したケースもあります。

イ　管理について

舗装や私道の下水管のメンテナンス費等の負担を誰が行うか、どう分担するかが決まっていないケースがあります。

ウ　通行について

建築基準法でいう道路の場合は、裁判例により建築基準法に基づいて人の通行の自由が認められます。しかし、自動車による通行が当然に認められるわけではありません。私道の中心に杭が立っていて車の進入を制限している私道がこれにあたりますが、そのままでは使いづらくなってしまいます。

エ　掘削について

私道に上下水道配管、ガス管を設置する場合、私道所有者の承諾がないと水道局やガス会社等の事業者は工事をしてくれません。

こうしたことが元になってトラブルが起こってしまうことがよくあるので、それを避けるためにも、売却前には私道の所有者から人および自動車の通行や掘削の承諾書を取り付けておく必要があります。私道所有者の所在が不明であったり、私道共有者が多数に及んでしまったりする場合には、承諾書の取り受けが困難となることがありますが、そのことを把握しておくこと自体が大事です。

また、いわゆる共有私道について補修工事等を行う場合に、民法の共有物の保存・管理等の解釈が必ずしも明確でなく、事実上、所有者全員の同意を得る運用となっています。そこで、法務省はこれに対して、全員の同意がなくても補修工事ができるように、必要な同意の範囲についてガイドラインを公表しました。

例えば、共有私道の舗装の修復は、保存行為であり、一人で可能であると示し、公共下水管の新設は、管理に関する事項に当たり、共有物の持分価格の過半数の同意が必要であると示し、35事例について見解を示しています。

⑥ 借地権・底地・借家権はどうなっているか

地主の方であれば「借地権」や「底地」についてはご存知かと思いますが、念のため説明しておきます。「借地権」とは地主が地代をとって人に貸している土地で、借主はその土地に対して借地権を持ちます。「底地」とは借地権がついている土地のことで、地主は底地を持ちます。借主の借地権と地主の底地の比率は土地やエリアによって異なりますが6対4や7対3などが多く、都心などでは9対1というところもあるほど借主が優遇されています。

ここでの問題は借地権と底地、どちらか一方だけだと売却が不利になるということです。例えば、借地に人が住んでいるのに、地主がその土地の売却を希望したときは、底地のみの売却が考えられます。ただし、底地は地代徴収権としての意味しか持たないので、なかなか買手を見つけるのは難しくなります。また、借地人が借地権を第三者に売りたいという時もまた、所有権ほど容易に買主を見つけることはできません。

これは、どちらか一方だけでは、使い勝手や価値がかなり制限されてしまうからです。

そこで、最も望ましい展開は借地権と底地を合わせて所有権として売却することです。

これなら買主は所有権として土地を取得できることから、売りやすく、価格も所有権として買ってもらえるので、高く売れます。所有権としての土地が売却できた場合、売買代金は一般的には国税庁が公表している路線価図の借地権割合で借地権者と地主で配分します。借地人は次に述べる承諾料（名義書換料）を負担しなくてもよいので、その分、地主への配分をプラスしてくれと地主からいわれることもあります。

それぞれの対処法について確認していきます。

【対処法1】借地権を売却する

借地権を売却したいというときは、地主の同意を得てから、底地と同時に売買できれば、買主側は所有権を得られるので不利になる点はなくなります。ただし、地主が底地を売却することに同意しない場合があります。例えば、先祖伝来の土地を自分の代で売れないとか、寺、神社等宗教法人の土地で売れないとかのケースがこれに該当します。

また、借地権として売却する場合、地主の譲渡承諾をもらわなければなりません。承諾を得るために地主から承諾料（名義書換料）を要求されますが、東京の場合、借地権価格の10％が相場となっています。

借地権はあくまで地主からの借り物なので、借地上の建物の用途変更、増改築をする場合なども地主に承諾料を支払って認めてもらわなければならないように、地主の承諾がなければ譲渡もできないということです。このあたりは、地主の意向を聞きながら相談するしかありません。

地主が承諾しない場合、裁判所に申し立てて、地主の承諾に代えて裁判所の許可で借地権譲渡はできますが（www.courts.go.jp）、この場合も、地主に対し借地人から借地権価格の10％の承諾料の支払いが条件となります。裁判所の許可で借地権譲渡をした場合、借地権の譲受人が借地上の建物と借地権を担保に入れて銀行から融資を受けるにあたって、銀行から求められる地主の承諾書はもらえない可能性が高いことに注意する必要があります。

ちなみに、借主と地主の関係性の話が出たので、ここで触れておきますが、借地期間が満了となると多くの場合、更新料を地主に支払っています。更新料を地主に支払わなければならないかについては、裁判例は借地権者と地主の間に更新料を支払う合意がない限り、更新料を支払う義務はないとの判断をしています。しかし多くのケースで、地主との紛争を回避するため等の理由で更新料が支払われているようです。

【対処法2】　底地を売却する

地主が借地上に建物がある底地を借地人以外の第三者に売却したいという場合です。

この場合、地主は底地の買主に収益物件として底地を売却します。収益物件としての底地は手間もかからず、空室リスクもありません。

【対処法3】　借地権と底地の比率で土地を分割する

例えば、借地権の対象である土地が１００坪あり、借地権割合60％、底地割合40％と合意した場合、土地を分割して借地権者が土地所有権を60坪取得し、地主が残り40坪の所有権を保持するという方法です。

【対処法４】 借家の立ち退き交渉をする

借家契約では、家主の使用の必要性が借家人より強い等の正当事由がない限り、家主の都合で更新を拒絶し、出て行ってもらうことができません。そこで、相当の立退料を支払うことで、立ち退いてもらうことになります。

立退料の金額はケースバイケースで個別差が大きいのですが、決め方としてはおもに次の3通りです。

① 最近の裁判例をもとに地主と借主の話し合いで決める方法です。最近の裁判例によれば、立退料には次のようなものが含まれます。

- 移転費用等の雑費……引っ越し代、新賃貸借契約に必要な費用など
- 借主が事実上失う利益の補償……営業権、地域での付き合いなど
- 借家権価格……立ち退きにより消滅する利用権の補償（借家権の対価そのもの）

②「土地・建物価格の約20％」という基準を使う方法です。
立ち退き事例では、その多くが借家権割合をもとにした価格交渉で成立しています。借家権割合は国税庁の路線価図によれば、土地は借地権割合の30％、建物は建物価格の30％が借家権割合とされています。土地については借地権割合が70％の地域が多いことから借家権割合30％を乗ずると土地価格の21％となります。建物価格の割合も減価補正等により少なくなるとすると、土地建物全体としても借家権割合は21％に近似することになります。

最近の立ち退き事例、借家権割合事例アンケート結果の分析によっても、立退料は、土地建物価格のほぼ20％ということで、立退料と土地建物価格の関連性が裏付けられています。

③家賃の何倍かで決める方法です。借家権取引慣例についての、不動産鑑定士への立退料の相場に対するアンケートにおいて、立退料に相場があるとした不動産鑑定士の回答結果では、現行家賃の何カ月程度となったかの平均値として、次のような結果が示され

ています。なお、この月数はあくまで不動産鑑定士の認識で、実例ではありません。

- 住宅（回答数45）……7・3カ月程度
- 事務所（回答数33）……14・1カ月程度
- 店舗（物販）（回答数32）……24・6カ月程度
- 工場（回答数16）……10・9カ月程度
- 倉庫（回答数17）……8・4カ月程度

①②は東京都不動産鑑定士協会の「借家権と立退料」、③は、日本不動産鑑定士協会連合会の「借家権の取引慣行等についてのアンケート調査結果について」から一部引用しました。

立ち退きの成功率は、当然のことながら立退料の金額に比例します。太っ腹にたくさん支払えば、すんなり立ち退いてはもらえるでしょうが、それでは大家の資産を守ることにはならないので、適切な額で話し合いがつくように持っていくことが肝心です。

立ち退きの合意書は、裁判所で和解調書を作成してもらって、「即決和解手続」にするのがミソです。こうしておくと、借主が退去期限を守らない場合、裁判を経ずに明け渡しの強制執行ができるからです。公正証書による合意では明渡しの強制執行はできません。

なお、スルガコーポレーション事件において、弁護士資格がない者が立ち退き交渉を行う行為は、弁護士法違反となるとの判断が最高裁で出されたので、立ち退き交渉は弁護士に依頼することが妥当と思われます。

建築にかかわる法的な問題がないか

公法上の問題とは、建築に関わる法律上の問題です。建築関連の法律は山ほどありますが、なかでも特筆すべきは次の3つです。

① 都市計画法
② 建築基準法
③ 文化財保護法

ここからは公法上の問題を確認します。

① 都市計画法

市街化調整区域における開発許可の問題を確認します。簡単にいうと、その土地に家屋が建てられるかどうかの確認です。

というのも、都市計画法では、無秩序な開発を防ぐため開発許可制度を設けているからです。市街化区域では、東京23区内等で行う500㎡以上の土地の開発行為、または市街化調整区域内での開発行為に開発許可が必要とされています。開発行為とは具体的には、建築物の建築等のために土地の区画形質を変更することです。

市街化調整区域内の開発許可は、都市計画法に定められた場合に限り認められる厳しい規制です。

したがって、市街化調整区域内の土地については、建物の建築が認められるかどうかについて、開発許可を扱う役所で慎重に調査する必要があります。

② 建築基準法

建築基準法では道路に関するトラブルが懸念されます。土地の売買は、「道路に始まり、道路に終わる」といっても過言ではありません。それくらい、道路は建築上、重要な要素です。なぜなら、都市計画区域内では建築基準法上の道路に接していない土地には、建物を建てることができないからです。

一般の人からすれば「道路」というと、車や人が通れる道すべて、という認識だと思います。しかし建築基準法では「道路」はもっと狭義の意味で使われます。厳密には、道路とは、道路法による道路（国道、都道府県道、市町村道、区道等）で幅員4m以上のもの等、図表7の①～⑥に掲げるものとされており、これらの道路に2m以上接していることが、建築可能の条件として定められています。①～⑥まで道路に種類があり、これに外れるものは「通路」として扱われます。

このように、道路には厳密な定義があります。その都度その都度で、「この道は道路であるか」や「2m以上接しているか」を確認しておかないと、売買の時にトラブルが起きかねません。具体例で言えば、対象の土地が、住宅が立ち並ぶ地域の一帯で公道に2m以上は接しているけれども、道路の幅員が明らかに4mに足りないということがありました。そこで、役所で過去にさかのぼって調べたところ、建築基準法ができた昭和25年時点ですでに住宅が建ち並んでおり、役所が道路として認めていたことがわかったのです。

こういう道路のことを通称「42条2項道路」と呼びます（図表7の⑥）。4m未満の道でも歴史的に道路として使われていた経緯があり、特定行政庁が道路として指定したものについては、例外的に「道路」として扱ってよいというルールが建築基準法の第42条の第2項に明記されています。それが通称の由来でもあります。

これ以外にも、幅員が4mあるということで道路扱いになっていた道が、正確に測り直してみると4mに足りないケースがあったり、接道の長さが2mに達していないケースがあったりします。位置指定道路で、道路の長さが申請図の長さより短くて、対象地が接道しないというケースもありました。

また「隅切り」といって、よく角地の隅っこを車などが曲がりやすいように、少し切っ

［図表7］建築基準法に定める道路の種類

建基法 条文	通称	内容
①42条1項 1号	道路法による 道路	国道、都道府県道、区道、市町村道で幅員4m以上のもの
②42条1項 2号	開発道路等	都市計画事業、土地区画整理事業等により築造されるもので幅員4m以上のもの
③42条1項 3号	既存道路	建基法施行時（昭和25年11月23日現在から存在する）に既にあった幅員4m以上の道路で現に一般交通の用に供しているもの
④42条1項 4号	計画道路	都市計画法、土地区画整理法、都市開発法等で2年以内に事業が行われるものとして特定行政庁が指定したもので幅員4m以上のもの
⑤42条1項 5号	位置指定道路	利害関係者の申請に基づき特定行政庁が位置指定をした幅員4m以上の私道
⑥42条2項	42条2項 道路 （既存道路） （みなし道路）	建基法施行時、既に建築物が建ち並んでいた幅員4m未満の道で、特定行政庁が指定したもの

※上記以外の道は、通路という

てある場所がありますが、こうした部分には建築物はもちろんのこと、交通の妨げになるような門や塀などの築造も禁止されています。

なお、建築基準法上の道路に2m以上接していなくても、敷地の周囲に広い空地があり、役所が安全上支障はないと認めて、建築審査会の同意を得て許可した場合、建築基準法43条1項但書により、例外的に建築が認められます。

それから、路地状敷地についても知っておかなければなりません。

建物の敷地は、都市計画区域内では建築基準法上の道路に2m以上接しなければならない接道条件については、地方公共団体の条例により、制限が付加されています（図表8）。

例えば、路地状部分のみで道路に接する敷地（敷地延長、旗竿地、袋地ともいいます）の場合、安全上、防火上の配慮から、路地状部分の長さによって、必要な幅員が定められています。この路地状部分は道路ではなく、敷地の一部であり、建築確認上、敷地面積に参入されます。

東京都建築安全条例では、路地状敷地には、原則として、共同住宅、店舗、工場等の特殊建築物は建てられません。

［図表8］路地状敷地

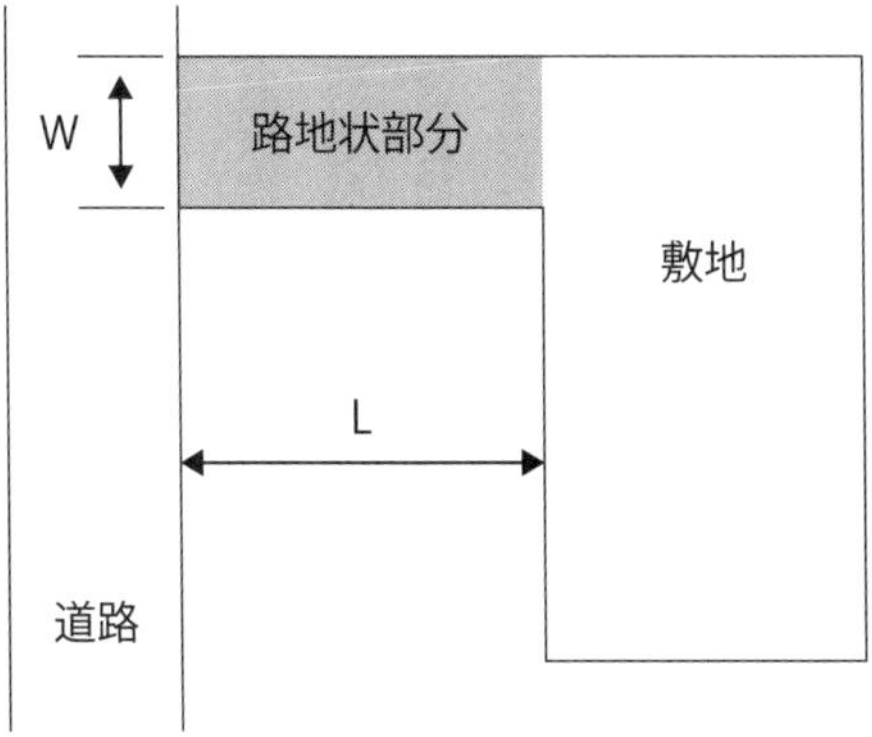

※東京都建築安全条例の場合

	Wの幅	
建物の延べ床面積等 ＼ Lの長さ	200㎡以下	200㎡を超える（耐火建築物および準耐火建築物を除く）
20mまで	2m以上	3m以上
20mを超えるもの	3m以上	4m以上

そこで、この路地状敷地の評価についてですが、稀に閑静でいいという人もいるものの、一般的には、利用上、建築上の制限があることから大幅な減価は免れません。

経験則上は、路地状部分の幅と長さにもよりますが、路地状部分をあわせた敷地全体として、整形地と比較して30％前後の減価要因になると思います。

オークションでの売買をするなかでも、道路をめぐるトラブルは本当にたくさんあるので、参考にしていただくために、ここで幾つか紹介しておきます。

【トラブル例1】道路が道路でなくなった

東京都のある区で起きた話です（図表9）。依頼主から相談を受けた対象の土地、ここではA地としていますが、接する道路が幅3・6mしかありませんでした。ただし、過去に42条2項道路として建築確認がされていたので問題はありませんでした。

ところが、隣のB地を所有する地主が、自分の土地も提供しなければならないことに反発したのです。というのも、42条2項道路となると道路中心から2m後退しなければならず、道路に接する両側の土地を、各々20㎝の幅を後退させなければいけないのです。それ

［図表9］トラブル事例1

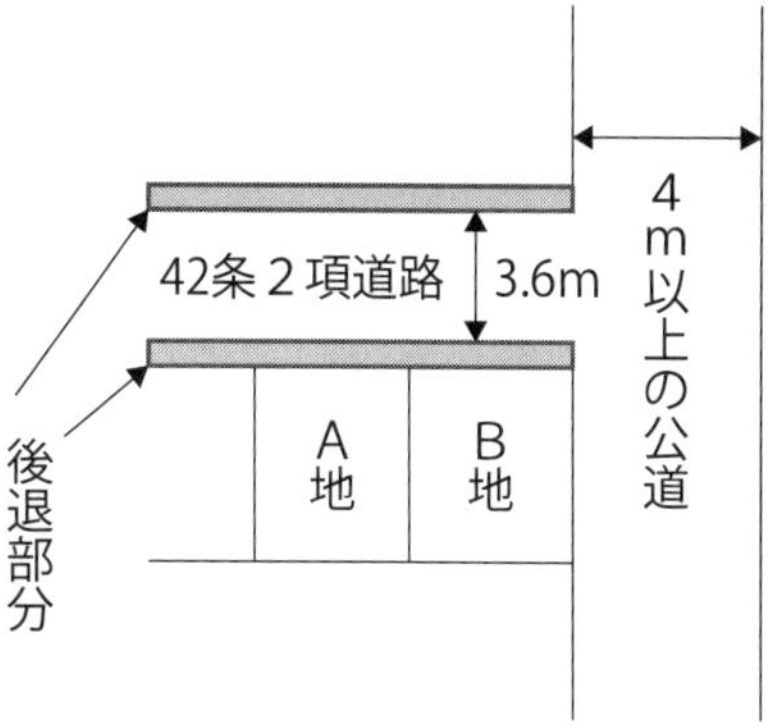

では土地が狭くなってしまいます。しかし、B地は別の幅4m以上の広い公道にも接していたので、当該道路が42条2項道路の認定要件を欠いていたとしても関係なかったのです。

結局、B地の地主からの申し立てで、該当の道路は区役所が42条2項道路の認定要件を満たしていなかったとして42条2項道路の認定を取り消しました。そのため、A地が建築基準法上の道路に接面していないという状況になってしまったのです。これによってA地は無道路地となってしまい、大きく価値を下げる結果となってしまいました。

［図表10］トラブル事例2

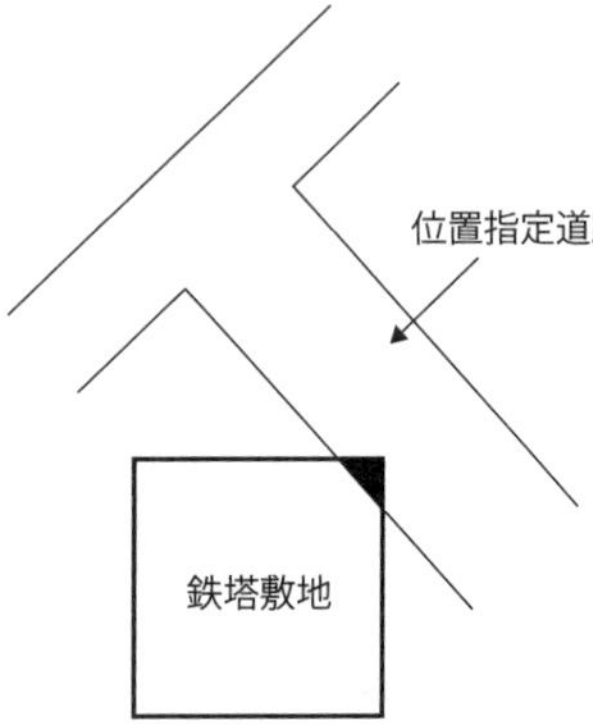

【トラブル例2】位置指定があっても安心できない

埼玉県下のある市での話です（図表10）。位置指定道路の中に高圧線の鉄塔の基礎が存在しており、電力会社の位置指定承諾がなかったので、瑕疵ある無効な位置指定となっていたケースがあります。このままでは無道路地ということになり、接する土地の価値が下がってしまいます。

そこでちょうど電力会社が高圧線のための地役権設定登記をしていなかったこともあって、電力会社で位置指定の承諾印をもらうことと、こちらで地役権設定登記をすることを交換条件として、道路にすることができました。

このトラブルからは見た目だけで「道路だろう」と決めつけてかかったり、図面を鵜呑みにしたりすることは危険だということです。万全を期して調べるということが、実は大きな意味を持つのです。


【トラブル例3】公道となっていたはずが……


都市計画法に基づいて作られた開発道路は、原則として開発がなされた市町村の管理となります。ところが、たまに開発道路であるにもかかわらず、道路の所有権が開発業者や元の地主のものとして残っているケースが散見されます（図表11）。

私たちが仲介したある土地でも、道路の所有権が元の地主に残されていることがあって、地主から道路の通行掘削承諾書を取り受けたことがあります。

悪質な場合だと、その開発道路の上下水道工事等をやりたい人がでてきたときに、開発業者や地主が判子代を請求してくる場合があります。

この開発道路では道路の帰属について、開発業者と市が最高裁まで争って、市が勝訴し

［図表 11］ トラブル事例3

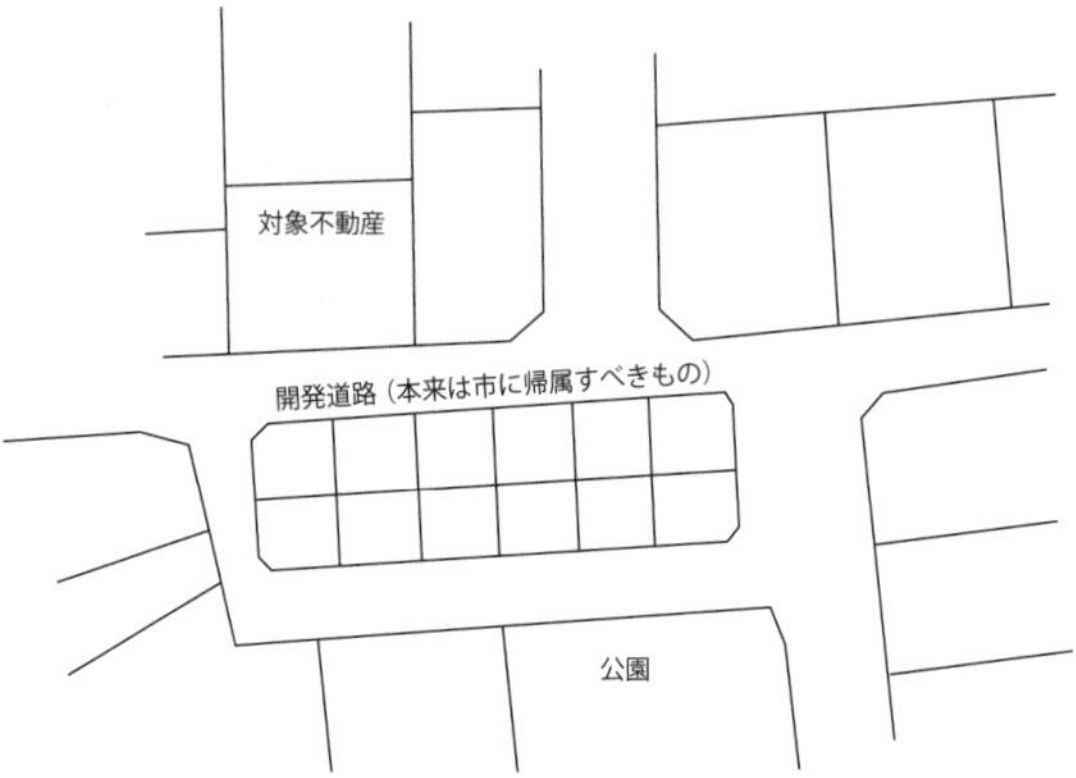

ました。

【検査済証を受ける重要性】

ここで検査済証についても説明しておきます。

検査検証とは、その建物が建築基準法に違反していないことの証明書です。検査済証の交付を建築確認した役所から受けていないと不都合なことが多々生じます。

まず、検査済証のない建物について、銀行にローンの申し込みをすると、違法建築ということで融資を断られることがあります。

また、検査済証の交付を受けていないと、

中古住宅としても売却する場合も買手からも敬遠され売りづらくなり、売却価格も下がります。

このような不都合があるにもかかわらず、検査済証交付率は平成10年度時点で36％に留まっていました（国土交通省資料より）。その後、建築基準法の改正や平成15年に国土交通省から各金融機関に対して「新築建築物向け融資にあたって、検査済証を活用すること」を要請したこと等もあり、現在では検査済証の交付率は90％程度となっています。

建物を新築した場合、検査済証の交付を受けることは不可欠です。建築会社によっては、手間を省いて検査済証の交付を受けることを省略しようとする会社もあるので、強く交付を要求することが肝心です。

③　文化財保護法

土地に遺跡が埋まっている場合は、文化財保護法によって、その土地で工事を行うにあたって教育委員会への届出を求められており、状況によっては発掘調査を行うことがあります。その経費については、個人の営利目的でない住宅建設の場合は公費負担となりますが、開発事業の場合は、事業者負担となります。

調査費も遺跡の規模によっては巨額となり、調査期間も長くなります。そのため、売却対象の土地にこれがあると、希望の日時で売却ができるかどうかがまったく分からなくなってしまいます。そのため、真っ先に確認しておかなければならないことでもあります。

後々トラブルになりそうな種は、入札要綱で対処する

買主の意思決定に影響を与えるようなトラブル等が不動産に見つかった場合、事前に解決できる問題については最大限の問題解決を図りますが、どうしても問題が残ってしまう場合もあります。

そんなときは、入札要綱にその旨を明記します。あらかじめ判明している問題点を隠さずに告知することが、公正な取引の基本です。

告知事項の対象となるのは、例えば当該不動産において次のようなことがあった場合です。これらは我々が解決しようにもできないことです。

① 事故（自殺、殺人事件、孤独死など）があった場合
② 反社会的勢力が近隣に存在する場合

① 事故物件

これからも増えていくと考えられるのが老人の孤独死などですが、孤独死かどうかを判別する資料としては戸籍謄本が役立ちます。戸籍謄本上で、死亡日時の記載が具体的に特定されず○日頃・死亡と記載されている場合、医師の死亡診断書に基づかないで死体検案書による死亡届であったということが推測されるからです。

孤独死が判明した場合、その物件の心理的瑕疵となりますので、物件概要書に告知事項ありと記載し、問い合わせがあれば口頭で内容を購入検討者に伝えます。

② 反社会的勢力が近隣にいる場合

裁判例では、購入不動産の交差点の対角線上に反社会的勢力の事務所が存在する、あるいは同じマンション内の別の部屋に居住していて、構成員が頻繁に出入りしたり、管理費

を長期間滞納したり、共有部分を物置として専用使用するなどの事情がある場合には、告知すべきとされています。

これら反社会的勢力の把握方法は、所轄警察署の組織犯罪対策課や暴力団追放センターに相談することですが、これらによっても教えてもらえるのは暴力団事務所、構成員かどうか（生年月日を示すことが必要）までです。ただし、暴力団事務所と疑われる場所を警察に確認する場合、地図上でこの付近と示すのではなく、対象地をピンポイントで示すことができる場合は、この場所と特定して示すことが肝心です。

以前、大阪市南部の警察の暴力団担当刑事から「あなたはピンポイントで対象地の確認を求めてきたので、その場所が暴力団事務所であると回答します」と言われました。

暴力団事務所の有無については、対象不動産がマンションの場合は管理人に教えてもらうのも一つの方法です。

他の方法としては地域の自治会長、新聞販売店、ソバ屋等に教えてもらうということも可能です。

判別方法としては、外観（看板の全くない事務所、豪壮な邸宅、外車等）から手がかりを得ることもあります。

私どもの仲介物件でも、反社会的勢力関係者に占有されたことがありましたが、この場合は、破産管財物件でしたので、破産管財人が警察の立会いのもとで裁判所の強制執行で排除しました。

別の件で、不法占拠者が多数いるビルの売買で、売買契約書の反社会的勢力排除条項の削除を買主から要求されましたが、断ったところ、その買主は売買契約調印を断念しました。この買主は、暴力団追放センターから反社会的勢力の密接交際者であると教えられていた者でした。

また、東京の下町の破産物件の任意売却で、物件の隣に看板も事務所名も何も表示されていない色ガラス扉の事務所があったので、調べたところ暴力団事務所で、そのことを買主に対して重要事項として説明し、トラブルを避けることができました。

丁寧な下準備をしてこそ高値売却が実現する

このように入念な事前準備をしておくことで、相対取引で起こるような諸々のトラブル、例えば購入価格の引き下げや取引後の費用負担の問題などは少なくなります。

通常、相対取引では事前準備はほとんど行われません。取引が進むにしたがって、「境界確定のための測量をしましょう」とか「土壌汚染の調査をしてみましょう」などという話になっていくことが多いです。そのたびに費用やスケジュールの話し合いになるため、時間が掛かってしまい、売却価格もどんどん下がっていってしまいます。

耳にした例で言えば、売主側で測量を完了して引き渡す条件で契約を交わしたものの、いざ測量を始めてみたら隣地との境界が決まらず、1年以上も膠着状態が続いて、結局、買主がしびれを切らし、取引が白紙になってしまったという事例です。こんな徒労は誰もが避けたいところです。

その点、オークションは事前処理をしてから臨むので、ほとんどの問題がクリアになっています。境界確定が済んでいない土地でも、「取引後に買主に境界確定をしてもらいますが、それでもよければ買ってください」という条件で入札を募ります。その条件がのめる人や業者しか入札はしてきませんので、揉め事が起こりにくいと言えます。

ちなみに、私どもの会社ではどうしても相対取引をしなければならなくなったときでも、できるだけ事前処理を行い、万全を期すようにしています。それは長年の経験や実績から、事前処理の大事さをよく知っているからです。

結論として言えることは〝瑕疵の少ない物件に整える「事前処理」こそが、オークション成功の最大の前提条件であり、カギである〟ということです。

中古マンションもオークションなら高値売却が期待できる

これまで、土地と建物のオークションによる売却について述べてきましたが、中古の区分所有権のマンションについても、相対取引より、オークションによる売却の方が高い価格で売れることを、私たちの過去の売買実績から、確信しています。

中古マンションの場合、土地の売買と異なり、境界確定や私道の通行掘削承諾書の取り受けも不要ですので、よりスピーディーに事を進めることができます。

中古マンションの場合、同じマンション内で同じ面積、同じ間取りの取引事例があるケースが多いので、価格評価は、土地の評価より容易であり、かつ評価の精度も高くなります。

ただ、中古マンションの場合、買ってから内装や設備のリフォームが必要なので、この費用をどう見積もるかが問題となります。

おそらく、この点がネックとなって、過去の中古マンションのオークションにおいても、エンドユーザーの落札がなかったものと思われます。

エンドユーザーが中古マンションのオークションに参加して、落札できれば自分でリフォームをするのが、エンドユーザーにとって、最も得な買い方になると思います。

エンドユーザー側の仲介業者が、適切な入札価格のアドバイスとリフォーム業者の紹介ができれば、エンドユーザーにとって、中古マンションの入札でお得な購入ができます。

高齢社会における不動産売買

第1章でも触れましたが、近年は高齢社会を反映する売買物件が激増しています。

その一つが相続人不存在のケースです。不動産の所有者が死亡し、相続人が不存在の場合（相続人全員が相続放棄した場合も含む）、家庭裁判所から選任された相続財産管理人（ほとんど弁護士で司法書士の場合もある）が不動産を売却し売却代金を国庫に納付します。

この件数と金額は激増しており、件数は10年で約2倍、国庫納付額は平成29年度で年間約520億円となっています（財務省理財局資料）。

私どもが相続財産管理人から売却の仲介の依頼を受けた物件については、最高額での売却を目指して原則として入札方式で売却しています。

その際、売却プロセスを可視化するため、入札要綱を作成し、売却条件も応札者が同じ土俵で勝負できるように統一し、物件紹介先リストと応札者リストを作成して、開札は相続財産管理人の面前で行い、公正を確保することに努めています。

相続人不存在の案件の特色は、亡くなられた方が孤独死されるケースが多いことです。

また、物件がゴミ屋敷となっているケースも多くみられます。

この場合は、裁判所の許可を受けて相続財産管理人から残置物処理業者にゴミ処理を依頼してもらいます。

相続財産にお金がない場合は、処理業者に処理費用見積書を作ってもらって、買主にその費用分を減額して買ってもらい買主に処理してもらいます。

次に高齢化社会の反映として増えているのは、高齢者の後見人からの依頼による不動産売却です。後見されている高齢者（被後見人といいます）の不動産売却のうち、自宅の売却には、家庭裁判所の許可が必要とされています。被後見人が高齢で介護施設から自宅へ帰ってくる目途がなくなった場合は、売却許可が下りるようです。

後見監督人が選任されている場合に、後見人が不動産を売却するには、後見監督人の同意が必要となります。

後見人からの依頼で私どもが不動産を売却する場合も、原則として、入札方式で売却しています。

後見人には法定後見制度と任意後見制度があります。本人が誰を後見人とするか、どのような代理権を与えるかについて、本人の意思で決定できる任意後見が自己決定権を尊重する趣旨から法定後見に優先します。

しかし、家庭裁判所が本人の利益のため特に必要があると認める場合、任意後見契約がなされていても、法定後見が行われることがあります。

法定後見では、本人の意思が反映されることなく、家庭裁判所の職権で弁護士や司法書士等の専門家が後見人に選任されます。

そこで、本人に判断能力が十分あるうちに、本人の信頼できる人を任意後見人に選ぶことが肝心です。

本人の意思を実現するには、遺言が大事です。

遺言には代表的なものとして自筆証書遺言と公正証書遺言があります。

自筆証書遺言は、自分で内容を自書し（今回の改正で、財産目録は自書でなくてもよくなった）、日付、署名（自分で名前を書く）、押印することにより容易に作成できますが、遺言者の死後に遺言書が所在不明となったり、無効とされたり、偽造されたりするリスクがあります。

そこで、令和2年7月10日より遺言書保管法が施行され、自筆証書遺言を公的機関である全国の法務局で保管できるようにして、相続人が遺言の有無を簡単に調べられる制度がつくられました。

この保管制度を使えば、保管時に法務局に遺言の記載不備を確認してもらえます。従来、遺言書の日付を吉日と書いたものは無効とされていましたが、このような誤りを防ぐことができます。また、自筆証書遺言には、相続発生後、検認という家庭裁判所の確認手続きが必要でしたが、この検認も不要となります。

現時点では、費用はかかっても公証人が作成する公正証書遺言が望ましいです。

公正証書遺言ですと、内容的にも法律専門家である公証人が内容を確認して作成するので、無効となるリスクも少なく（公正証書遺言でも、遺言者の意思能力の有無を争う裁判例は見受けられます）、公証人役場で管理してくれるので紛失、偽造の心配もありません。

遺言で自分の財産の行く末を指示しておけば財産が国庫に行くこともありません。

自分で財産を渡したい社会貢献の団体や世話になった人に遺言を書いて財産を渡す遺贈により、自分の意思を実現できます。遺贈は遺言による贈与なので相続人以外の第三者にも財産を渡すことができます。

注意点としては、兄弟姉妹以外の相続人がいる場合、遺留分に配慮することです。そして、遺言の内容が確実に実行されるよう、信頼でき履行能力のある遺言執行者を遺言で指名することです。

遺言者の不動産を売却したケースとして、遺言者が世話になった大学病院に自宅の売却代金を遺贈するために、遺言執行者の依頼により入札方式で自宅を売却したケースや、遺言者が信者であった教会に自宅の売却代金を寄付するために同様に売却したケースがあります。

いずれのケースも子供がいない人や独身の人です。最近、このように自分の財産の使い道を考える人が増えています。

［第5章］

「ワケあり不動産」解決事例集

事例① 400ha(約400町歩)の山林売買

以前、破産管財物件の売却の仲介を委ねてくれた弁護士からかかってきた、一本の電話からこの取引は始まりました。その弁護士は岩手県にある破産会社の破産管財人に就任していました。

その管財人とは、以前、全国に営業所を展開していた大型破産案件の売却の仲介で、全国の営業所の売却の契約に同行したことがありました。その際のよもやま話で、私が若い頃、信託銀行の仙台支店在勤時に、東北地方の山林を鑑定評価したことがあることを話したことを破産管財人が記憶しており、「土屋さん、東北の山を評価していましたよね」という話から、今回、岩手県にある破産会社の破産管財人に就任したが、管財物件の中に400町歩の山林があるので、売却の仲介をしてくれないかということになりました。

破産管財人との打合せで、山林の売却条件をどうするかということが問題となりました。山林の場合、土地の値段よりも、山に植えられている木(立木《りゅうぼく》といいます)の値段が高いことが多いからです。

本来なら、どの樹種の木で、植えてから何年経ったもので、高さが○○mで、幹の太さが○○cmで、一本当たりの木の体積が○○m³の木が何本生えているので立木の価格は○○円と計算して取引すべきものです。

しかし、400町歩の山林の木について、以上のようなことを計算することは、現実的に難しいので、次のような提案をしました。

各都道府県には、森林法を所管する林務事務所があり、そこには、森林簿が備えられており、これにには、山林毎に、樹種、林齢、林積等森林の様々な情報が記載されています。

そこで、立木については、森林簿に記載の内容を取引対象物件とするという提案です。

これは、土地取引の場合、土地の実測をしないで、登記簿記載の地目、面積で売買し、実測面積と差異があっても代金の精算は行わないという公簿取引を類推したものです。

破産管財人もこの取引条件を認めてくれたので、山林の売買をスムーズに進めることができました。

しかし、400町歩の取引というのは、面積が大きいので、色々苦労がありました。

対象山林の登記簿の一筆毎の境界明示は事実上できないので、国土調査法に基づいて、所有者と公共団体が立ち会ってできた地籍図で境界明示に替えてもらいました。

その地籍図は、物件所在地の村で交付を受けたのですが、これも膨大な量となりました。

物件の検分も、地図を見ながら車の通行できる道からあの山が対象不動産であるということを確認することと位しかできませんでした。

４００町歩の山林の売買価格は、都心の億ション一戸分位で、遠隔地であるため、取引の効率は良くありませんでした。しかし、私どものモットーは、場所、規模にかかわらず、依頼のある物件は基本的に断らないということなので、得がたい経験をさせてもらった貴重な取引であると考えています。

事例②　営業中のラブホテルの売買

担保権者である金融機関からの依頼で、長野県内にあるラブホテルの売買の仲介をしたことがあります。

ラブホテルの売買の仲介は初めてだったので、買手をどうやってさがすか、ラブホテルは旅館業法といわゆる風営法の適用業種であるため、スムーズに買主が営業できるようにするにはどうすればよいかに苦心しました。

前者については、収益物件を買取る不動産会社のほか、ラブホテル専門のコンサル会社の協力を得ました。

結果として、対象ラブホテルの近くでラブホテルの営業をしていた同業者が担保権者の希望価格で買ってくれました。購入してくれた動機の一つに、新しい買手による宿泊料のダンピングを警戒したこともあったようです。

次に、旅館業法等の規制の問題については、地方公共団体や警察に確認して、無事取引を完了しました。

この取引で特殊な点は、ラブホテルの営業は継続したままで、一日だけ営業休止日を設け、従業員、備品等一体として、一括取引で売主から買主に土地建物とともに承継したことです。

事例③　著しい都市計画法、建築基準法違反のあった工場の売買の仲介

この物件は、埼玉県内の破産した食品会社の工場でした。

この物件の最大の問題点は、市街化調整区域にあるにもかかわらず、建物の大部分が開発許可も、建築確認も取らずに建築されていたことでした。

このままでは、買主を見つけることは無理なので、開発許可については、開発許可権限を持っている、地方公共団体の開発規制担当部門と協議を重ねて、無許可とはいえ20年以上操業してきた実績を考慮してもらい、破産会社が操業してきた動力電源の契約電力の範囲内の規模で、開発許可を得ることができました。

建築確認を得ていないことについては、県の建築確認担当部門と協議して、建築確認をこれから得ることはできないので、少なくとも建築基準法による除去命令が出されないことの了承が得られることを目指しました。

県の担当部門に建物の現況を見てもらった結果、対象建物について、設計図が全くないので、現況を示している図面を作成することが判断の前提であるといわれました。

そこで、私たち仲介者の負担で設計事務所に建物の現況図を作成してもらい、その図面をもとに県の担当部門から除却命令を出さなければならないような危険な建物ではないとの判断を示してもらい、無事、売買の仲介を完了することができました。

この破産物件の任意売却の話が持ち上がった時、メガバンクグループの仲介会社が担保権者の推薦を受けたということで、破産管財人に対して専任媒介契約を締結してもらいたいとの申し入れをしてきました。しかし、破産管財人が仲介会社のブランドより過去の実績を重視するとの判断で、私たちの会社と専任媒介契約を締結してくれた経緯があり、破産管財人の期待に応えることができたことで満足できた取引でした。

事例④　土壌汚染されている土地の取引

土壌汚染されている土地の取引で印象的な取引としては、東京都の東部で工場跡地の借地権を底地権者である地主に売却するに際して、土壌汚染の有無を調査したところ、基準を超える特定有害物質である砒素が検出されたケースです。

このケースでは、行政によって認められた不溶化処理を行って借地権の買主である地主に借地権の対象である工場跡地を引き渡しました。

地主はその後、所有権として対象地をマンションデベロッパーに売却し、デベロッパーがマンションの建設工事をある準大手ゼネコンに発注しました。

そのゼネコンが対象地から発生した残土を残土処分場に持ち込んだところ、汚染残土であるといわれたということで、ゼネコンが対象地の売主である地主に数千万円の処理費用を請求してきました。これを受けて、地主は借地人に対して、この処理費用を請求してきました。私たちは、借地人から地主への借地権売買契約の物件引き渡しに際して、土壌汚染については、行政の示した手順と方法によって処理（不溶化処理）を完了して引き渡す旨の覚書を借地人と地主の間で調印していました。

これを根拠に、私たちの依頼者である借地人は1円の支払いもすることなく、この問題の決着をつけました。

このケースは、土壌汚染対策法が土壌の完全浄化を目標としておらず、土壌環境のリスク管理の考え方を基本としていることを示していると思います。

リスク管理の考え方のもとに、土壌の完全浄化ではなく様々なオプション（一例として不溶化処理）が設定されているから、行政によって認められた不溶化処理を行ったことがあっても最終決着しないのです。

土壌汚染対策法は、

① 人の健康の保護
② 私有財産としての不動産価値
③ 工場等の企業活動

など、多くの社会問題や経済問題に対して配慮が必要とされる複雑な事情があるため、制度面でも、まだまだ多くの課題が残されています。

即ち①を徹底すれば、特定有害物質も同法所定の物質に限らず有害性のある物質全てが規制対象となるし、有害物質の有無の調査も10mあるいは30m格子内の一地点での調査ではなく、もっと密に調査をすることとなり、汚染除去の方法も不溶化処理でなく、完全浄化を目指して掘削除去を行うことになります。しかし、現行法は、②や③にも配慮して、不溶化処理も認めています。

私たちが直面したケースで現行法の下で、土壌汚染調査を行った結果、同じ土地について複数の調査会社に調査を依頼した結果A社の調査では汚染ありとの結果が出たがB社の調査結果では汚染なしとの結果が出たり、別件では、同じ土地について、A社の調査では、二種類の汚染物資が報告されたが、B社の調査では三種類の汚染物質が報告されたということもあります。

いずれにしても売買契約にあたって、問題点は必ず書面によって結論を明示し、調印することの重要性を再認識しました。

取引対象地自体が汚染されている取引の二つめのケースは、東京都東部の区にある清算する会社の駐車場と住居兼事務所の敷地の売却のケースです。

このエリアは東京大空襲の被災地であるので、焼夷弾の燃料に鉛が添加されていた可能性があるため、50％位の確率で鉛汚染の結果が出ると土壌汚染調査会社からいわれていました。そこで、売主会社の清算人の了承を得て、土壌汚染調査を最初に行いました。

その結果、対象地のかなりの部分から鉛汚染の結果が出ました。

土壌汚染調査を依頼するに際して留意したのは、調査費用の軽減化でした。そこで、費用が数十万円と安く済む表層土壌調査のみ行い、これによって、揮発性有機化合物、重金属、農薬、ＰＣＢの有無と汚染の平面的な広がりを調べました。詳細調査をすれば汚染のあった区画の10mまでの汚染の深度と地下水の汚染の有無が判明します。

しかし、その調査には、数百万円の調査費用がかかります。

土地の用途によっては、2m程の深さの土の入れ換えで、土壌改良はよしとする購入者も多数いるので、無駄な費用をかけたくなかったのです。

土壌汚染表層調査の結果を開示して、入札による売却を行い、清算人、清算会社の株主も満足する価格を提示した落札者と売買契約をすることができました。

取引対象地自体が汚染されている取引の三つめのケースは、前のケースと同様に東京都東部の区にある、ある会社の倉庫跡地と鉄筋コンクリート造の事務所・寄宿舎兼用の空家を売却するケースです。

このエリアは、古くから中小の工場、倉庫が混在するエリアで、売主が事前に土壌汚染調査を二つの調査会社に依頼し、一社からは鉛とヒ素による汚染、もう一社からは、これらに加えてセレンによる汚染が報告されており、汚染処理費用として数億円の見積書が提示されていました。さらに、この物件では、既に解体されている鉄筋コンクリート造の倉庫の鉄筋コンクリート基礎杭が地中障害として約300本地中に残されていました。このような状況のもとでの物件売却では、土壌汚染と地中障害がない物件価格の半値位でしか、売却できないのではないかと予想していました。

この物件売却は、物件価格を超える債務を売却代金の限度で弁済するいわゆる任意売却でした。物件の所有者（債務者）の代理人の弁護士が入札方式での売却を行いました。債権者は、あるメガバンクであったため、弁護士は買主をさがす仲介（宅建）業者として、メガバンク系列の宅建業者3社と物件所在地の地元宅建業者と私どもの計5社に仲介を依頼しました。買主さがしは、多チャンネルによる仲介（宅建）業者の競争ですので、大激戦となり、めぼしいデベロッパーのほとんどに、この物件情報が流布されました。入札の結果、私どもの紹介したデベロッパーが、最高価格と次順位でした。

最高価格のデベロッパーは、土壌汚染を理由に購入資金の融資が不調となり脱落しましたが、次順位のデベロッパーは自己資金で購入できるので、このデベロッパーと取引を完了しました。この契約金額は、私たちが当初見込んでいた土壌汚染と地中障害がない物件売却価格に近いものでした。いわゆる相対取引では、このような高額売却は無理で、入札で買主に競合してもらったからこそ出た価格であると思います。この結果については、売主と代理人弁護士からも喜んでもらえました。売主としては、売買契約の中で、土壌汚染と杭の地中障害のあることを買主に示したうえで、売主は瑕疵担保責任を負わない条件なのでベストの着地でした。

事例⑤　地中障害のある土地の取引

この種の取引の第一例は、都内指折りの人気住宅地の取引で、買主が建物新築の基礎工事を始めたところ、地中から、鋼材の破片が出てきたというものでした。この土地の売主は鋼材問屋で、この土地を社宅として使っていました。私たちは、売主側の仲介業者として、この取引に関与していましたが、売買物件に隠れた瑕疵（きず）があることは明白であるので、売主に瑕疵担保責任が契約上あることを説明して、鋼材の破片の処理費用を売主に負担してもらい、買主の了承を得て問題の決着を図りました。

現在の取引においては、売買契約調印に先立って、売主から売買物件についての情報開示書（告知書）を記入してもらい地中障害の有無の申告を求めています。本件取引の頃、告知書が一般化していなかったのも、本件発生の一因と思われます。

本件については、後日談があり、本件土地の買主が約20年後に、本件土地を売却したいので、売主側の仲介業者となってほしいと言ってこられました。以前の地中障害のトラブルの際に、適切に対応したことを評価していただいたものと思われます。

地中障害については、売主からのヒアリングを徹底することが一番重要です。土壌汚染のように法に基づく調査手順もありませんので、事前調査も手さぐりとなります。

事例⑥　反社会的勢力にかかわる取引

この種の取引の第一のケースは、大阪市南部の盛り場の駐車場の売買で、この駐車場の向かいに暴力団事務所があったことを「近隣」に暴力団事務所があると重要事項説明したところ、買主から「向かい」にあると説明していないとのクレームをつけられ、暴力団事務所の向かい側の物件の測量には手間がかかるといわれ、その費用として数十万円要求されたことです。

このケースの場合、近隣と説明したのは、向かいにあると特定すると、万一、重要事項説明書に記載してあることがその暴力団に分かった場合のトラブルを懸念したためです。

買主にその点につけこまれ、無用の費用を支払わされました。買主は地元の人なので、向かいに事務所があることは先刻承知だったのです。

この件があって以来、このようなことについては、別紙で説明を受けたことの書面を買主から取り受け、その書面には詳細に説明するようにしています。

第二のケースは取引物件のやはり向かいに暴力団幹部の自宅があったものです。

京都市北西部の有名な観光地にある社宅の売却の依頼を受け、現地を検分したところ、物件の向かいに塀で囲われた邸宅があり、邸宅の前には黒塗りの大型乗用車が駐車しており、何か違和感を覚えました。

そこで、所轄警察署の暴力団担当を訪問し、物件の近隣に暴力団事務所等はないかと質問しても何の回答も得られませんでした。

そうこうするうちに、偶然、当該社宅に居住していた人と遭遇し、問題の邸宅は有名暴力団の幹部の自宅であることが判明しました。

この社宅は、大手マンションデベロッパーが買ってくれることになり、担当者に問題の邸宅の件を説明すると、そんなことを気にしていたのでは、マンションは建てられないとの回答で、売買契約をすることができました。

事例⑦　間口が2m欠けている土地の取引

その土地の上に建物を建築するには、建築基準法によって認められた道路に2m以上接しなければなりません。

私たちが仲介したケースで、路地上の土地で間口が2mに7㎝足りない土地がありました。

都内の閑静な中級住宅地で、人気のある私鉄沿線の駅から徒歩10分以内の立地で、間口の問題を除いては、取り立てて難のない物件でした。

この7㎝の長さは、塀の厚さより短い長さでしたので、一方の隣地所有者に幅7㎝分で奥行き15mの土地を売ってもらえないか交渉しました。その面積は約1㎡にすぎないのですが、売ってもらえないと、再建築不可の物件ということで値段が大幅に下がってしまうので、所有者とも相談して、300万円という価格を提示しました。この価格は坪当たりでは相場の倍以上の価格でしたが、売ってもらえませんでした。

その理由は、過去にその隣地所有者とトラブルがあり、感情問題があったため、価格のいかんにかかわらず売りたくないということのようでした。

そこで、やむを得ず、再建築不可物件を前提として買取業者に安く買ってもらいました。あとで、その買取業者は、その物件を挟んで、反対側の隣地所有者に7㎝幅の譲渡をお願いして取得できましたが、なんとその価格は1000万円だったそうです。

事例⑧　相続人不存在をめぐって……

相続人が存在しない場合、相続人不存在のまま亡くなった人（被相続人）の財産は民法により相続財産法人とされ、家庭裁判所から選任された相続財産管理人（多くの場合、弁護士で、司法書士の場合もある）が管理し、不動産の場合は、家庭裁判所の許可を得て売却し、売却代金を国庫に納めます。

その際、被相続人の療養看護に努めたということで、相続人でない場合でも、特別縁故者と家庭裁判所から認められれば、相続財産をもらうことができます。

私たちが、相続財産管理人から売却の仲介の依頼を受けたケースで、被相続人の相談に頻繁にのっていたことが評価されて、特別縁故者と認められたものもあれば、間借人が、特別縁故者である旨の主張をしたものの、同じ屋根の下に居ながら、被相続人の死亡を発見したのは訪問介護の人であったこと等から認められなかったケースもあります。

また、被相続人から、自分が亡くなったら財産をあげるといわれた人が複数登場し、遺言書はないかというので、その人達に3時間遺言書をさがす時間を認めるからさがしてくださいということで、相続財産管理人と対象のマンションの部屋で待機したケースもありますます。このケースでは結局、遺言書は出てきませんでした。

事例⑨　様々な権利が絡み合った複雑な土地

約1000坪の土地の売却で、底地と借地権と所有権の三つが絡みあい、さらにいくつもの問題が入り組んで厄介だった案件がありました。

おおもとの問題は、底地権者と借地権者との間での、借地権の存否を争って訴訟にまでなっていました。単なる借地権の争いならここまでこじれることはなかったはずが、次に挙げるようないくつもの問題が事態を複雑化していました。

一つめは、区道を巡る問題です。当該土地には借地権者と底地権者がいて、それぞれに代理人の弁護士がいました。借地権者が区道を一部取り込んで、その代わりに自分の土地の一部を道路として区に提供していました。それぞれの弁護士は、区道と提供した土地の交換の処理を区と話し合って解決するよう、ある土地家屋調査士に依頼していました。ところが、5年経っても埒が明きませんでした。しびれを切らして、弁護士が私に依頼をしてきました。

こちらでは、こうした案件に手慣れた土地家屋調査士を紹介し、区道については約1年で解決に至りました。解決法は、至ってシンプルで、今使っている区道の一部を区から払い下げを受け、道路提供部分を区に寄付する方法です。区は自分の身を切る必要がないので、一も二もなくOKしました。

最初の土地家屋調査士が目指していたのは、「提供したものと、今使っているものを交換する」という方法です。でも、それは手間がかかるだけで大したメリットはありません。後から「交換の条件が不適切だ」などのトラブルにもなりかねません。そんなリスクを冒すよりも、損をしてでも早い解決を選びました。

早い解決を選んだ理由として、借地権者が80代の高齢で、これ以上の時間的余裕がなかったことがあります。

二つめはアスベストの問題です。借地権者がその土地でアスベスト建材製造工場をやっていました。そのため土地にアスベストが埋まっているかもしれませんでした。アスベストは先にも説明したように、中皮腫などの健康被害が報告されています。撤去は特別なやり方が決まっているのでコストがかさみます。そこで、仲介業者の費用負担で、アスベストが埋設されていないか試掘調査を行いました。

三つめの問題は、店舗の立ち退き問題です。ロードサイドの店舗を借地権者がファーストフード店に貸していたのを立ち退かせるのに家賃の数年分の立退料を支払いました。破格の立退料のようにみえましたが、最終的に約1000坪の土地が数億円で売れたので、むやみに高額を支払ったわけではありません。路線価の借家権割合から客観的に割り出した金額で、店舗の売り上げなども鑑みれば妥当な額ではあったはずです。

立退料の額についても、私たちが路線価の借家権割合を論拠に理論的に説明したのが、家主、借家人に納得してもらえた要因と考えます。

なお、立ち退き交渉は当初、大家（借地権者）と借家人であるファーストフード店の各々の代理人弁護士の交渉からスタートし、具体的条件交渉は、両弁護士の了承のもとに私たちとファーストフード店の担当者で行いました。

四つめは、地中障害の問題です。アスベスト建材製造工場を廃業後、ゴルフ場だった部分に地中障害がありました。ネットの支柱一本に数本のコンクリート基礎があり、1ホールに4本のポール穴。1つの穴は深さ20メートル。それが4ホールで16カ所ありました。

我々がこれらの問題の目処をつけ、売買完了までにかかった年月は約3年です。依頼者の弁護士は10年近く関わっていたので、「共信トラスティでないと決着しなかった」と言ってもらえました。

当初はオークションで売ることも考えましたが、いろいろと難しい問題を含んでいたため、相対取引を選びました。大手の不動産会社などにも声を掛けましたが、どこも及び腰でした。結局、商業施設の開発会社が数億円で買ってくれました。

取引当日は、底地権者と借地権者、それぞれの代理人弁護士、ファーストフード店の担当者、買主の六者が一堂に会し、その場ですべての契約書が交わされ売買代金、立退料が支払われました。準備は大変でしたが、一気に片がついて後味のすっきりした案件でした。

実をいうと、最初に依頼を受けたときから、自分たちの中には解決までのシナリオが見えていました。「こういう手順を踏んでいけば売買までもっていける」「売買できれば数億円くらいになる」と予測が立っていたので、多額の立退料を払っても、また、区に土地を寄付しても自信をもって取引を進められました。

これまで不動産の仲介業者としてやってきて、難しい案件をいくつも手掛けてきました。人が二の足を踏むような手強い案件ほど、自分たちは攻略に燃えるところです。我々と同じことを他の業者ができるかといえば、おそらくできないだろうと思います。なぜなら、ほぼ我々が独自に切り開いてきた道だからです。競合他社がいないことで、自分たち流のやり方ができるところが面白いところです。

事例⑩　デベロッパーとの共同事業

北陸のあるメーカーが都内駅前に約50坪の古いビルを持っていました。デベロッパーが周辺一帯を再開発するにあたり、「ビルを建て直して、共同事業をやりませんか」と話を持ちかけてきました。

　ビルにはテナントが複数入っており、その立ち退きも弊社で請け負うことになりました。立ち退きは金額によっては揉めることもありますが、大家であるメーカーに理解があり、我々を信頼して任せてくれたことで、金銭的にしぶることがありませんでした。そのため、半年くらいで全テナントに退去をしてもらえました。この立ち退き交渉も、スタート時点ではメーカーの代理人弁護士に関与してもらい、具体的条件交渉は私たちとテナントとで行いました。

　ビルの新築にあたっては、デベロッパー側が鑑定評価書を複数用意してきました。その内容は「ビルの地下を地下鉄が走っているので減価」というものでした。たしかに地下鉄が通っていることで、建物が建てられないケースはあります。今回のビル用地に関しては、地下鉄に確認しましたが建築上の決定的な制約はありませんでした。とするならば、減価の根拠がないことになります。我々が納得できないことを強く主張すると、デベロッパー側はやむなくその減価を撤回しました。

　正式に共同事業をすることになり、メーカーは土地の面積に応じて完成建物の床を区分所有することになりました。メーカーの土地の時価評価額に見合うコンサル料をいただきました。

私たちは、価格査定では費用を一切とりません。売主がまだ弊社とコンサルティング契約を結ぶかどうか決めていない段階でも、我々は「この案件はお手伝いしたい」と思えば、サービスで査定を行います。それで結果的に契約に至らなくても、費用を請求したりはしません。なぜなら、我々の仕事はコンサルティングだと思っているからです。あくまで不動産共同事業のノウハウに対する報酬として、仕事ができた時はコンサル料をいただいています。

［第6章］

「想定外の高値売却」成功事例集

本書初版を出版して以来、北は北海道から南は沖縄に至る全国の読者の方からお問い合わせをいただき、その中からオークション可能と思われる物件について約50件のオークションを実施させていただきました。実施例の中から特に読んでいただきたい11例を紹介させていただきます。

事例① 東京都大田区のマンション用地のオークション

このケースは、本書の初版の新聞広告を見て、それを買って読んだ読者が本書に書いてある通りに東京都大田区にある土地のオークションを実施してほしいとの希望で弊社に来社されたものです。この土地は、京浜急行線の駅から徒歩3分という駅至近の物件で、約450㎡のマンション用地としては最適の物件でした。

この依頼者は本書を読む前に地元の大手仲介会社数社に売却希望の土地の価格査定を依頼し、複数の価格査定書を入手しましたが、その査定価格がまちまちで不信感を抱いたそうです。

そこで、弊社に本書を持参のうえ来社し、本書の記載通りにオークションを実施してほしいということになりました。

弊社では、依頼者の期待に応えるように、オークションで買受申込書を高値で提出してくれそうな候補を入念に調査し、オークションへの参加を勧誘し、その結果、依頼者が事前に入手していた大手仲介会社の査定価格を大幅に超えた入札価格でオークションを完了することができました。

事例②　東京都世田谷区の住宅用地のオークション

このケースは、相続で共有者となっている不動産をめぐって、二人の共有者が各々弁護士に依頼をして取り分を争っていたものです。この物件は、東京都世田谷区の京王井の頭線の駅から徒歩圏内の約200㎡の閑静な土地でした。

一方の弁護士に本書の初版を持参したところ、相手方の弁護士がオークションでの不動産売却に同意してくれれば、本書記載のオークションで売却してよいとのことでしたので、相手方の弁護士に本書の内容を説明したところ、了承を得られました。そこで、オークションを実施し、その結果、二人の相続人の満足する価格での売却が実現し、大変喜ばれました。

このうちの一人の相続人は、将来、不動産の売却を考えている知人に本書と弊社を紹介してくれました。

事例③　京都市中京区のビジネスホテル用地のオークション

このケースは、京都市中京区の最寄地下鉄駅から徒歩約6分の約３００㎡の大通り沿いに立地するビジネスホテル適地の売却でした。不動産の所有者から相談を受けた時点で、本書の初版を読んでもらったところ、不動産をオークションで売ることにより、公正な価格水準となり、売主にとって高く売れる可能性が大きくなるということを理解してもらいました。本書の記載通りにオークションを行ってもらえばよいとのことであったので、オークションを実施して、売主の満足する価格で売却が実現できました。

この土地には古いアパートが建っており、入居者の立ち退き交渉に半年かかりました。

事例④　大阪市住吉区の分譲住宅用地のオークション

このケースは、大阪市住吉区にある社宅で、最寄駅から徒歩圏内の約１０００㎡の住宅地でした。この土地についてもオークション実施により、事前の弊社査定価格よりかなり高い価格で売却でき、依頼者にも満足してもらえました。

ただ、このケースでは、事前の境界確定に約1年の時間がかかりました。対象地の境界確定をするため、隣地所有者の同意を容易に得られなかったためです。

そこで、弊社が売主と隣地所有者に合意してもらえる提案をし、時間はかかりましたが、境界確定に至りました。

しかし、本件でも、事前の境界確定が完了していなければ、オークションをしても買主が集められなかったと思います。

本件は、急がば回れの適例です。

事例⑤　東京都墨田区のマンション用地のオークション

このケースも、オークションでなければ、実現できなかった高値で売却できた事例です。

東京都墨田区内にあるＪＲと都営地下鉄の各駅から徒歩約10分に位置する破産会社の工場、事務所ビルとその土地約６７０㎡の売却を破産管財人から依頼され、弊社で紹介した不動産会社の買受希望額が最高額であったケースです。

この価格は、あとで担保権者の銀行から聞いたところ、破産前の相対取引で購入検討者から提示されていた価格の40％以上高値だったそうです。この高値売却が実現したため破産物件の売却でありながら、抵当権をつけていない一般債権者の大部分に対して売却代金から弁済できたとのことです。

このケースで高値売却できたもう一つの要因は、破産の数年前の相対取引をしようとした時点で、土地の確定測量、土壌汚染調査が完了し、また、建物の設計図もそろっており、買主に取得後の予期せぬ費用発生のリスクがなかったことです。

また、対象不動産が、ＪＲと地下鉄の駅から、いずれも徒歩約10分と交通条件にも恵まれ、地形も間口の広い整形地で、接面道路も南道路で幅員11mと画地条件も良く、公法上の規制も建物の延床面積が敷地面積の4倍建築可能というマンション用地としての好条件に恵まれていました。

事例⑥　東京都渋谷区の中古住宅のオークション

このケースは、夫婦が離婚にあたって、東京都渋谷区にある夫婦共有の土地約125㎡、平成13年建築の鉄筋コンクリート造地下付3階建延床約240㎡の自宅をオークションで売却し、売却代金を分けるという事例でした。夫と妻には各々代理人弁護士が窓口となっていました。本件の建物は、鉄筋コンクリート造でしたので、一般受けするか懸念もありました。

しかし、対象不動産は、山手線の駅から2分という好立地の物件でしたので、多数の購入検討者が内見に参加し、想定していた価格より、かなり高い価格で売却できました。

事例⑦　東京都杉並区の住宅用地のオークション

このケースは、相続財産である実家の土地建物を三姉妹が共有しており、姉妹の一人が私の信託銀行勤務時の同期の友人の奥様でした。この土地は京王井の頭線の駅から徒歩約5分の約180㎡の閑静な住宅地の土地でした。

この友人に本書の初版を贈ったところ、本書記載の通りにオークションを実施してくれとの依頼を受けました。オークション実施の結果、売主が想定していた以上の価格で売却できたため、他の相続人からも満足してもらえました。

事例⑧　埼玉県さいたま市のアパートのオークション

このケースは、埼玉県さいたま市内にある建築後約20年経過した入居者がいる木造アパート2棟の建っている土地の売却をオークションで実施してほしいと本書の初版の読者から依頼されました。この土地は、JRの駅から徒歩約13分の約470㎡の土地でした。

売主の売却理由は、アパートが老朽化し経費がかかるためコストパフォーマンスが悪いということでした。

入居者のいるアパートのオークションは初めてのケースでしたので、オークションの勧誘先のターゲットをどこにおくか吟味しました。

対象不動産の賃料収入から利回り物件として考えると、高い価格は期待できないので、購入者が入居者に立ち退きを申し入れ、立ち退き後に建物を解体して更地として、建売り住宅として分譲する不動産会社を対象としてオークションへの参加を勧誘しました。その結果、想定した額を上回る価格で売却できました。

この売主からは引続き自宅の売却もオークションで実施してほしいとの依頼を受け、自宅についても弊社査定額を上回る価格で売却できました。

事例⑨　東京都世田谷区の住宅のオークション

このケースは、本書の初版を読んだ読者から、東京都世田谷区にある自宅をオークションで売却してほしいとの依頼で売却したものです。

対象不動産は、東急東横線の人気駅から徒歩2分に立地する土地約96㎡　平成12年建築の延床約120㎡の中古住宅でしたが、行き止まり私道に面していたにもかかわらず、立地の良さから多数の内見客があり、個人の客と不動産会社が多数競い合いました。

オークションの結果、このエリアでの販売実績の豊富な不動産会社が落札しました。落札価格は、弊社の事前の査定価格の30%以上高い価格でした。

事例⑩ 東京都杉並区の借地権の設定されている土地（底地）と借地権の同時売却のオークション

このケースは、東京都杉並区の住宅地の地主から、借地人に貸している約210㎡の底地の売却を依頼されたものです。借地人に借地権を底地と一緒に売却しないかと提案したところ、借地人も高齢で、老人ホームへの入居を希望していたため、借地権と底地を同時売却することに同意しました。同時売却により所有権として売却できた土地の売却代金を地主と借地人で、路線価の借地権割合で配分し、底地あるいは借地権として別々に売却した場合よりいずれも高い価格で売却できたので、地主、借地人双方にメリットがありました。

事例⑪　東京都文京区の担保権者の売買希望額より高く売れた中古住宅のオークション

このケースは、東京都文京区にある土地約60㎡、平成24年建築の延床約90㎡の中古住宅について破産管財人からオークションによる売却を実施してほしいと依頼されたものです。担保権者は公的金融機関で、高水準の売却目標額を設定してきました。オークションにより、個人、不動産会社を交えて多数の購入検討者に参加してもらい担保権者の希望額を大幅に上回る価格で売却できました。

最後に、オークションの結果に対するお客様の生の声を、メール文を転載することによって紹介させていただきます。

「今回の不動産譲渡では満足のいく価格で、又、一連の手続きを滞りなくご手配いただき、有難うございました。

土屋社長の本に出会わなければ、もっと難航していたかと思います。今後も何かあれば相談させていただきます。」

おわりに

本文では、オークションによる高値売却の理由と秘訣について主に述べてきました。オークション方式では、当該不動産の魅力を引き出すことと、最適な買手候補をリストアップすることで、最高額での売却が可能となります。売主にとっては、まちがいなく最良の選択となり得ます。

さて、高値売却という観点からのお話は十分に語れたと思うのですが、実は、本文の中で言及しきれなかったことがあります。それは、オークション方式のもう一つの特長である〝不動産取引の可視化〟によってもたらされるメリットについてです。本文内では軽くしか触れることができませんでしたので、ここで改めてお話しさせていただきます。

不動産の取引は、一般社会からみると、分かりにくい、見えづらいというイメージが強いことでしょう。何となく業者に言われるままに、いろいろなことがオープンにならないうちに事が進んでしまうことが多いからです。その点、オークション方式は取引のプロセスすべてが利害関係者全員に対して可視化（見える化）されます。

利害関係者というのは、「売主」「買主」「担保権者」「買主を紹介してくれる仲介業者」などです。これら取引に関わるすべての人に、売却の流れを見てもらえます。

まず、売主に対しては、物件の売却見込価格を査定価格報告書で示します。物件紹介先についても紹介先リストで報告します。そして、入札のあった価格については、入札結果一覧表で示すことができます。

また、開札は売主が立会いのもとで行いますので、誰が一番札か、金額はいくらついたのか、何社が入札に参加したかなどが一目瞭然です。札順を入れ替えたり、金額を書き換えたりなどの操作や不正は一切できませんから、買主にとっても、これ以上の公平はないでしょう。

一番札でなかった入札参加者や、入札参加者を紹介してくれた仲介業者にも、入札状況を報告することができます。

つまり、〝取引の可視化〟がなされることで、そこに後ろ暗いものが何一つないことが確認でき、公明正大のもとに取引を行えるのです。単に高く売れればよいというのではなく、「みんなにとって納得のいく取引である」ということも、不動産売買においては欠くことのできない重要な要素であると、私たちは考えています。

今後、高齢化で空き家が増えたり、相続で相続財産の家や土地を売ったり、終活で自宅を処分したりなどで不動産取引は増えていくと予想されます。読者の中にも、実際に売却を考えている人がいるでしょう。そういう方に強く申し上げたいのは、「不動産を売るときは、ぜひ値段だけでなく、取引の透明性にも注意していただきたい」ということです。透明性が高ければ高いほど、後々のトラブルは起こりにくくなります。

トラブルを未然に防ぎ、なおかつ高値でも売れる（買手にとっては、欲しい物件が条件よく手に入る）オークションは、関係者全員をハッピーにする取引です。私たちはこれからも、皆様のハッピーを目指して、日々努めてまいります。

最後に、これまで30年近くにわたって切磋琢磨し、執筆にもご協力いただいた神戸幸雄さん、大須賀邦彰さん、西野敏雄さん、そして誰よりこの本を読んでくださった読者の皆様に感謝申し上げます。

令和2年3月

株式会社共信トラスティ　土屋忠昭

土屋 忠昭（つちや ただあき）

株式会社共信トラスティ代表取締役。不動産鑑定士。三菱信託銀行（現・三菱ＵＦＪ信託銀行）勤務を経て、株式会社共信（創立平成2年）にて地方銀行の担保評価および担保不動産ほか種々の不動産売買の仲介業務を担当。平成14年6月に株式会社共信トラスティを設立して同業務を承継。担保不動産等の売買に豊富な実績を持つ。

本書についての
ご意見・ご感想はコチラ

増補改訂版
不動産は「オークション」で
売りなさい

二〇二〇年三月一二日　第一刷発行

著　者　土屋忠昭
発行人　久保田貴幸
発行元　株式会社　幻冬舎メディアコンサルティング
〒一五一‐〇〇五一　東京都渋谷区千駄ヶ谷四‐九‐七
電話〇三‐五四一一‐六四四〇（編集）
発売元　株式会社　幻冬舎
〒一五一‐〇〇五一　東京都渋谷区千駄ヶ谷四‐九‐七
電話〇三‐五四一一‐六二二二（営業）
装　丁　幻冬舎デザインプロ
印刷・製本　シナノ書籍印刷株式会社

検印廃止

Printed in Japan　ISBN978-4-344-92769-8　C0034
幻冬舎メディアコンサルティングＨＰ　http://www.gentosha-mc.com/